渴愛的青春

少年及婦幼警察隊隊長十年專業經驗談，

帶孩子遠離傷害的成長書

一位女警官之叮嚀

邱子珍女警官小時候想要當一名老師，後來考上中央警官學校進入警界工作，原以為再沒機會扮演老師的角色，但是警察的工作有三大面向：治安、交通和為民服務。邱警官在「為民服務」這一項找到最接近老師性質的工作。

過去十年，她都在從事婦幼及青少年相關的工作，當了七年的台北市婦幼隊隊長，又當了三年的少年隊隊長，處理的案件包括少年吸毒、詐騙車手、網路援交、性侵害、性騷擾、家庭暴力、青少年暴力犯罪等等。在這十年的工作之後，她把經歷的事件，以故事的方式寫出來，並且提出各種自源頭預防的叮嚀，希望以後這些社會的不幸事件可以減少發生。

月有陰晴圓缺，人有悲歡離合。社會總是有黑暗的一面，人生而平等也只是一個理想，畢竟在真實的社會中從來沒有實現過。社會中總有弱勢者，總是會有不幸的事情，總是會有弱肉強食的不公平事件。面對這個實際的情況，我常講：關懷弱勢不是施捨，不是憐憫，而是保護自己，因為社會中有太多不幸的弱勢者，總有一天，他們會反撲報復，造成社會的動盪。以台北市的統計數據而言，火災死亡人數有四成來自自殺的自焚；車禍死亡人數有相當的比例是危險駕駛造成的，包括無照駕駛、多次超速違規、酒駕，和毒駕等等。這些人不但造成自己的傷亡，更嚴重的是常常傷及無辜，不管是自焚引起的火災，還是危險駕駛造成路人的傷亡……所以建構社會安全網、關懷弱勢、輔導弱勢、幫助弱勢，其實也是間接保護社會所有的人。所謂預防容易、治療困難，我們從源頭管理，避免社會不幸事件發生甚至波及無辜。

這本書以故事呈現案例，再加上每篇後面的安全叮嚀。我認為很適合學校的輔導人員作為案例，學習正確處理的方式，也可以作為新進婦幼隊或少年隊的警察同仁，當作工作指引的參考書。我更希望透過這本書的發行，讓我們更加留心社會當中弱勢的婦女及青少年，能夠更佳地保護他們，減少整個社會的不幸事件，也能建立和諧和安寧的社會。非常謝謝邱子珍警官的著作，期許我們可有一個更美好的台灣社會，也希望台灣因有我們大家的努力而美好，大家加油了。

台北市長

柯文哲

《渴愛的青春》

《渴愛的青春》一書旨在探討婦幼安全及青少年保護相關議題，蒐羅了二十則婦女及青少年受傷害的案例，包括年少輕狂純真的無知、兩小無猜禁忌的愛、奮不顧身盲目的義氣、網路世界危險的誘惑等題材。作者以溫柔細膩的筆觸，淺顯易懂的文字，娓娓道來每一個故事背後愛怨交織的情感，再理性論述各種潛在風險及相對應的法律常識，除了可作為第一線警察同仁的參考書外，亦可讓讀者大眾在閱讀故事的同時，將婦幼安全及青少年保護觀念內化，提升對此類案件的敏感度，建構自我防護意識。

本書的作者邱子珍，是現任台北市政府警察局少年警察隊隊長，長時間投身於婦幼及少年領域，實務工作經驗豐富，具備高度專業，且其服務熱忱數十年如一日，未有絲毫削減，著實令人十分敬佩。往昔「法不入家門」的故舊思想，幾經蛻變演化成現在國家親權主動投入脆弱家庭的關懷；然而在個人自我意識高漲的現代社會，執行婦幼安全及青少年保護工作實屬不易。子珍隊長無懼「清官難斷家務事」，笑看處理案件有時「公親變事主」的挫折，一心只想為孩子、為弱勢發聲，諄諄教導基本法治教育，懇切提醒兩性交往安全觀念，確保孩子在健康的環境中成長。

當今網路社群媒體發達，五花八門的訊息層出不窮，心智尚未成熟的青少年血氣方剛，常因急功近利，或受到同儕影響，以致誤觸法網而身陷泥淖。對於青少年犯罪，預防宣導勝於取締查緝，事後的陪伴與關懷亦至為重要，即時導正觀念使其懸崖勒馬，方能重拾美麗人生。

孩子是國家未來的主人翁，家庭及學校教育是奠定孩子成長的基礎，唯有充滿愛與關懷的環境，才能滋養茁壯孩子的身心。子珍隊長默默耕耘，全心投入婦幼安全及青少年保護工作，化身為脆弱家庭兒少的安全守門人，正是「身在公門好修行」的最佳寫照，感謝子珍隊長的付出，故樂為之序。

警政署署長

陳家欽

非典型警察故事書

作者邱子珍與我相識超過三十年。從作為同事到擔任她的授課老師及論文指導教授，我認識到她的心思細膩、赤忱為善、求知尚真、識見過人。每次她來與我談話，總是像過去在教室裡一樣率直發問。我的答案盡量不抽象、常常不客氣、處處不保留，自忖應有驚醒當局者迷的效果。當然我無法對每個大哉問都有答案，但是關心及解惑一番，成為多年來我們維繫師生情感的方法。

她的警察生涯沒有走上眾人紛至的大道，卻踏上一條待闢的路徑，因此能發現鮮少人知的獨特風景。邱子珍的堅持很對，也可謂幸運。

身為子珍的老師，我了解她不是警察官僚體系謬愛的破案英雄，然而她具備犯罪預防學門的碩士學位，在首善之都連續十年承擔兩個專業職位——婦幼警察隊長及少年警察隊長，都是非典型但是極重要的警察工作領域。她熱愛她的工作國度，情願長期駐足留守，無條件付出。她做得很好，大家都這麼說。她親自處理或經過她眼前的社會問題個案，不計其數，多樣又深刻。異於庸俗的實證經驗，她能心領神會而且虛懷感恩。

最近邱隊長決定為自己十年職涯出一本精采的「故事書」。儘管多年前我曾經鼓勵她著書立言，仍不免好奇地問她為何於此時動念？她說想幫助更多青少年閃避危險，為社會公益盡些力，在專業路程中留下印記與足跡。我說，寫一本好書，就是一種人生的滿足。此外，科學的精神就在寫下來分享出去，讓大家一起觀察、咀嚼和批判。

作者用文字演出二十齣源於真實事件的故事劇，一次呈現在讀者眼前。劇中人物好似從四面八方走出來，訴說他們的遭遇。青少年朋友、爸媽、親人、老師、同學、同事、愛人、網友、陌生人、騙子、黑道、警察……交替走上舞台演一角。

劇情沒有因為貼近現實而減色，反而予人窺見事件發生的臨場感。我相信作者蒐羅故事有其特殊的原則，但是可以合理推斷，這些都不是單一個案。書寫出來的事件背後排列著大量類似的例子，只是當中主配角不同。

每一個場景都會看到邱姐姐出台走位，穿梭推移。她在劇終的叮嚀，恰是一方的肺腑之言，值得回味、消化。除了職業背景以外，邱姐姐的觀點也相當程度反映了她自己成長過程的影響。其中最顯著的特徵就是她自小從豐美的倫常親情中走過，也相信愛才是一切人生難題真正的解藥。

書中的一小段：面對輟學的志明，邱姐姐說，「……就讓姐姐陪你去學校看看？」擁抱了孩子，沒想到志明口中吐出微弱的一聲「好」，邱姐姐滿心歡喜……

書中沒有出現企圖解釋問題或描述現象的學術理論，也沒有陳列生澀拗口的法律條文。我看得出來，其實許多嚴肅的學理暗自在角色對白之間遊走。跟著劇情進展，你也會感覺到，法律總是既無情又有情的發生效果。

《渴愛的青春》是一本容易親近，讓讀者很快融入情境的書。為人父母長輩者讀這本書，可以理解新世代生活中不為人知的一面；做老師者可從書裡發現面前的學子到底欠缺什麼；硬漢警察更應該透過故事來滋養同理心；社會科學家從中找到實徵的案例；更希望青少年朋友看完，獲得趨吉避凶的心理素質。

邱子珍是一位救世觀的實踐者，她的真心話值得一聽。

美國明尼蘇達大學社會學博士
現任新光三越百貨股份有限公司安控長
曾任內政部警政署刑事警察局副局長
馬振華

相信就會看見

我是子珍的粉絲，認識子珍是在十年前，她擔任台北市政府警察局婦幼警察隊隊長期間，領導員警自編、自導、自演，拍攝各類婦幼人身安全影片的「白楊樹劇場」開始。據我所知，將生硬的保護宣導以輕鬆的戲劇傳播，這在警界應是創舉。

為何取名「白楊樹」？由於當時和子珍互不相識，我私下忖度，是不是因為白楊樹幹的耿直可類比警察的正義執法，以及在白楊樹長大長高的過程中，為了讓白楊樹茁壯挺拔，園丁會鋸掉那些主幹分出的新枝，鋸掉的部分形成傷疤，隨著樹齡的增長慢慢越變越大，甚至裂開，形成一道道淺淺的裂縫，猶如一個個凝視的眼睛，看顧林間來往行走的過客，在叢葉舞動、樹影婆娑間，愉快平安的回家。或許未必完全吻合劇場取名原意，但從陸續推出生動活潑的短片、微電影，宣導、叮嚀婦幼安全與性暴力防治，讓許多推廣性平的單位和中小學校廣泛運用來看，應離發想本意不遠。

不久，我又注意到臉書成立了「台北婦幼——珍妮姐姐講愛粉絲團」，開放網友隨時留言解惑、舉辦父親節抽獎活動，和呼籲守護失智者等等；更在二〇一六年九月二十八日首次推出「珍心話時間」，子珍透過廣播，字正腔圓、溫暖有力的聲音，或藉由書寫，淺顯易懂、說理流暢的文字，循循善誘社會大眾，特別是關懷懵懵懂懂的青少年朋友，分享即時新聞案例，提醒防範各種詐騙陷阱，多方位拓展、多點發布、多元傳播，不僅具足用心，更是不遺餘力、全心全意地努力付出。

如今，子珍多年經驗與筆耕的成果，擷取精華集結出書。本書涵蓋層面極廣，有探討咖啡毒品、少年車手、網路援交、裸照傳播、中輟失學等等青少年常見議題，每則皆以說故事的方式娓娓道來，雖隱去當事人姓名，但真人實事的詳細過程，可以讓讀者感同身受地了解到步步墮落的原因，任何一道關卡，只要有人伸出援手或懂得出聲求救，都有挽救的機會。文末，還貼心的條列出安全叮嚀，提醒父母、親友和青少年要培養辨識陷阱的判斷能力，預防步入歧途成為犯罪共犯的犧牲品。

緣分就是雖有許多的擦肩而過，終究還是能彼此擁抱。從婦幼隊的別出心裁到少年隊的意氣風發，我與子珍總是從網路報導、臉書訊息遙遙相望，直到一個論壇上的偶然相遇，我短暫的15分鐘致詞，讓我們的緣分終於開花結果。子珍當時豪邁的一句話：「老師，好喜歡聽妳講話，可不可以來我們少年隊演講？」她磊落的性情、劍及履及的直爽個性，真是警界異類。隨著越來越多的互動，讓我想起詩人席慕蓉的〈回眸〉：「前世，我頻頻回眸，揮別的手帕飄成一朵雲，多少相思多少離愁，終成一道水痕送我遠走；今生，我尋覓前世失落的足跡，跋山涉水走進你的眼中，前世的五百次回眸，換得今生的一次擦肩而過，我用一千次回眸，換得今生在你面前的駐足停留。問佛：要多少次回眸才能真正住進你的心中，佛無語，我只有頻頻回首，像飛蛾撲向火，可以不計後果不要理由，回眸，再回眸，千次萬次，你在我眼中，也在我心中」，想必就是這樣的款款深情，我們才能坐擁促膝懇談的濃濃緣分。每次聚會，子珍始終毫無保留的予人讚美、欣賞，對許多事物充滿孩子氣般的熱情、好奇，都讓人深刻感受到至情至性的坦率與真誠！

警察組織猶如一艘大船，並非每個人都有掌舵的準備與能力，因為掌舵者必須有航程的目標，更要有領軍的熱情，這是責任心與使命感的展現。責任心猶如流光溢彩的水晶，折射出絢麗的奉獻精神，使命感則恰如堅硬的磐石，即使風強浪大也不動搖，開創新局、全力以赴。我所認識的子珍隊長和其帶領的團隊，就是如此的標竿。我曾問子珍，你是如何克服萬難的？她毫不遲疑的回答我：「無論遭受多少艱辛，經歷多少苦難，只要心中還懷著信念的種子，相信終能走出困境，生命會重新開花結果。人生就是這樣，只要信念在，希望就在。」她的座右銘就是：「相信就會看見！」，子珍已具體實踐！

中央警察大學行政管理學系暨研究所教授
林麗珊

保護路上結伴同行

一般大眾認為警察的專業形象是打擊犯罪、保障社會安全，因此一位資深專業警官畢其一生的職志也應該是破獲重大刑案或是逮捕要犯，留下懲凶罰惡彪炳的功勳。但在首都台北市，一個進步的城市，對於社會安全的定義及專業警察的角色價值，也在進步著……

性侵、販毒、詐欺、騷擾……沒有人想遇到這些，更沒有一位家長曾假想自己的孩子會遭遇到這些可能的惡事，可是若不幸遇上了，對於一個人及其家庭與社會而言，都是極為不安的，甚至成為心理的創傷影響一生。然而遇上這樣的事，一般就是報警抓壞人、找社工幫忙輔導，因此，社工走進個人及家庭生活並不奇怪；本書作者——台北市少年警察隊隊長邱子珍，以一位專業的婦幼及少年警察的身分靠近了被害人恐懼受傷的心，也走進犯罪少年的家庭日常。邱隊長用「淺顯易懂」及「不說教」的敘事方式，敘述了每一個受傷的案件當事人是怎麼踏進了不幸的遭遇、家庭怎麼傷人、愛情怎麼是苦的等等問題，更讓讀者知道這些辛苦的當事人之後的法律程序會如何進行。也因為邱隊長對案件處理的專業理念與堅持，使得台北市的性侵害被害人為獨步全台由婦幼警察隊專業警察專責受理，也就是由經過專業詢訊問訓練的婦幼警察擔當被害人的筆錄製作，更與台北市家庭暴力暨性侵害防治中心及台北市立聯合醫院合作，成立全台區域涵蓋率最高的被害人一站式整合服務，讓被害當事人不用來回奔波醫院及警察局驗傷與製作筆錄，且要跟許多陌生專業人員陳述自己的痛。我有幸與邱隊長共事合作數年，深受其影響，她堅持避免被害人二度傷害的專業價值及理念至今一直影響著後續接棒的市府婦幼保護團隊。

這是一本適合家長在教養青春期子女學習自我保護或是辨識是非與安全可以親子共讀與討論的媒材，尤其實例後面的叮嚀更是濃縮精華，非常淺顯易懂，也能啟發孩子的思考。每起案例敘述警官的處理起手式（開場白）及偵訊技巧，更值得成為年輕的警察及社工在未來處理案件時的活教材。這本書的作者用十年的婦幼警察及少年警察隊長所接觸到案件的專業處理經驗，及靠近聆聽每個無助受傷心靈的聲音，其所刻劃的一字一句，值得讀者細細去感知。

台北市家暴防治中心主任

陳淑娟

十年磨一劍

我和子珍是中央警官學校（中央警察大學的前身）的同班同學，民國七十四年畢業後她分發到彰化縣警察局，我則在台北市政府警察局服務，兩地乖隔仍心繫彼此。七十六年子珍從彰化調到台北市政府警察局女子警察隊（婦幼警察隊的前身）服務，緣分成熟於七十七年，共結連理成為一對警察夫妻，當時我在基層外勤主管第一線打拼，逐級而上，每一職務印象中都是頗為忙碌的輪班工作，很少能好好顧到家庭；子珍因我外勤職務工作的關係，一直選擇在內勤默默的為警察工作奉獻及照顧好我的家庭與親愛的家人，直到孩子漸漸長大能夠稍微離手，民國一〇〇年一月分才到外勤的婦幼警察隊擔任隊長職務。十年的婦幼及少年的保護工作，實際的參與、親自的督辦，讓她看到了很多不幸的案件，其實都是社會安全很無奈的破口，並且因為沒有事先做好預防的工作，等待傷害造成才想來彌補，有時會讓人產生為時晚矣的遺憾。近年來警察熱衷於犯罪預防的宣導，但再怎麼努力的宣講，場次及參加的人數還是未能無遠弗屆的影響到所有的老弱婦孺及青少年，所以這次子珍把這些遺憾的案例以說故事的方式集結成書，讓故事發揮影響力，告訴更多的人以避免被傷害或是做錯事。積十年的婦幼兒少保護工作經驗寫成這一本案例書，藉以教導大眾，印證唐代賈島俠客這首詩「十年磨一劍，雙刃未曾試，今日把示君，誰有不平事」。子珍用書來避免或減少社會上的不平事，也是當代的另類俠客，以書代劍，她的發心和努力寫作令我敬佩。

美國偉大小說《飄》（被改編成電影《亂世佳人》），這本書的作者瑪格麗特．米切爾，因她丈夫約翰一直的鼓勵和幫助，才能大功告成。約翰是瑪格麗特的第一位讀者、老師、祕書和編輯，忙碌之餘仍撥空幫妻子整理書稿。朋友問他累不累時，約翰說，「我願放棄一切，去擁抱妻子的天賦」，夫妻倆如此的用心和努力成就了一部偉大的小說。子珍努力耕讀寫作出書，我只擔任第一位讀者的諮詢角色，但是每天看著她努力的過程，再對照上述約翰對瑪格麗特的用心和幫助，我感到不好意思，因為子珍這本書的完成我出力有限，反而是子珍和這本書教育了我，堅持去做對的事，就會成就真善美。

警察工作貼近社會的底層，所接觸的經常是社會上黑暗的一面、弱勢的一群，這些雖然不是警察可以完全援助處理，但確實可以盡己之力，做到濟弱扶傾、幫人一把，「他們不是我的孩子，他們是我們的孩子」，警察面對家人以外的民眾，也要用心地去保護，避免民眾受到危害。「人飢己飢，人溺己溺」是警察的承擔，如果本書的出版能夠讓大家有更多的安全意識，防範危害於未然，那作者努力寫作的用心也就有其價值與意義，或許也是子珍在警察工作上些微的貢獻。

台南市政府警察局局長

方仰寧

自序

有多少力量就有多少愛

從小我的志願就是當一個老師，因為我覺得當一個老師可以作育英才，教導學生，傳道、授業、解惑是一件很有意義的工作，儘管我沒有考上師範大學，卻因緣際會的考上中央警官學校（中央警察大學的前身），成為一名警察。我從事警察工作，但成為老師的志願和理想一直在內心深處未曾消失過，我相信終能在警察工作中找到可以成為老師的部分。警察工作有三大面向：治安、交通及為民服務。我最喜歡的是為民服務類的工作，也知道哪一類型的工作更能激發自己的熱忱及熱情，又可以跟老師的工作性質相關，這是我從事警察工作一直努力的方向。

一〇〇年一月時，感謝當時謝前局長秀能的提拔與愛護，任命我擔任婦幼隊隊長，和台北市各網絡單位，特別是台北市家庭暴力暨性侵害防治中心一起合作從事婦幼保護工作。這是我非常熱愛的工作，讓我可以全心全意地帶領我的團隊，為受暴或受害的婦女及兒童提供幫助，這期間我看到了許多因感情事件引起的傷害，深感社會應該更重視婦幼安全，因為婦女是家庭中最重要的角色，而兒童是國家未來的棟樑，每一個都很珍貴，更需要受到保護。

在婦幼隊擔任隊長以來，每日接觸許多家暴、性侵害、性騷擾、兒童虐待個案，發現個案的發生常與感情有關。人從出生就無法離開情感的連結，對的感情會讓人感覺到愉悅幸福，但錯誤或不當的感情卻會讓人受騙受傷。身為婦幼保護工作者，我相信只要每個人盡己所能，就能夠保護到我們周邊關愛的人，讓家人和朋友因我們的努力而免於受害，這是我的初衷，也是我堅持這份工作的原因。

一〇七年一月因在婦幼隊任期屆滿，非常感謝陳局長嘉昌調任我至少年隊擔任隊長，繼續從事少年保護工作。擔任少年隊隊長之後，看到了許多青少年犯罪問題，包括毒品、少年車手、傷害、網路交友、兒少性剝削等犯罪事件，每遇見一個受傷的孩子，心裡除了有很多不捨之外，我都會認真的去了解原因；從每個孩子的案件當中，發現孩子的問題大都與家庭有關。家是孩子的堡壘，如果家的堡壘垮了，孩子也會頓失依靠，這時學校如果不能及時接住孩子，那麼他們就會一直暴露在危險之中，因此需要社會各界一起努力，共同幫助青少年在健康的環境之下成長。從事保護性的工作，一直是我所衷心熱愛的警察工作，在這個領域中，從不敢有任何懈怠，因為光陰似箭，我希望珍惜每一天，為每一個服務對象做到最完整的處理與保護。我相信我可以做到。

非常感謝我的長官，給我機會在婦幼及少年保護工作上，竭盡所能協助需要的人，又因為婦幼及少年保護工作非常重視宣導，我也經常至各級學校及社區宣導性別感情安全觀念及法治教育。當我到學校宣講時，看著每個孩子認真的眼神，就覺得自己像個老師，小時候的願望彷佛已經實現。這工作讓我更希望將本身所得到的經驗及體會，讓更多人知道，於是激起我出書的念頭，希望以自己擔任十年婦幼及少年隊隊長的實務工作經驗，將我所見婦女及青少年發生傷害的案例，以故事性的方式描述出來，並在文後加以安全叮嚀提醒，希望讓社會大眾了解婦女及少年感情及觸法案件，究竟是如何發生及有何方法可以避免受害？

我始終相信，做好婦幼及青少年保護工作，我們的家庭會更幸福，社會能更和諧，國家會更強盛，所以我們的社會應投入更多的資源及人力去做這份根基的工作，不論是家庭或學校，從小就要教導孩子正確的感情與價值觀念。當面臨感情或犯罪事件時，才有防護罩可以抵抗外來的誘惑，我們要讓孩子相信：「我愛你勝過這世上任何一切。」只要用正確的愛對待孩子，孩子將會是我們未來的希望！

這本書能夠出版，特別要感謝台北市政府警察局少年警察隊及台北市少年輔導委員會工作夥伴們的資料蒐集、整合建議，及提出珍貴的意見，我的座右銘一直都是「相信，就會看見！」謝謝我的夥伴們，您們讓我更加相信只要努力，就會看見我們所相信的事，這份美好終會到來。

最後，謹以此書獻給一直以我為榮，我在天上摯愛的父親！另本書版稅收入捐贈予財團法人天主教靈醫會私立聖嘉民啟智中心。

目錄

Case 1

走味的咖啡

敏宣是一位國中生，爸爸是醫務人員，媽媽是護理師，但兩人工作時間不固定又費時久，所以下課後家裡經常只有她一個人。

國中青少女正處於叛逆且對人生充滿好奇的階段。一個人待在家久了覺得無聊，爸媽也少有時間和她一同共用晚餐，漸漸地，她回家的時間越來越晚。有時會和補習班的朋友一起出去玩，有時到網咖打遊戲，有時到同學家開趴。這天，敏宣和同學到KTV唱歌，很晚才回到家中。一踏進家門就發現，媽媽早在客廳裡等她了。媽媽發現敏宣最近很晚才回家，成績也有明顯的退步，特意提早回家想和女兒聊聊：

「敏宣，現在都快十二點了，妳到哪裡去了？怎麼那麼晚才回家？」媽媽耐著性子關心地問著女兒。

「沒幹嘛啊！就剛好和同學出去玩，妳不要大驚小怪的。」敏宣愛理不理的往沙發一躺，打開電視逕自看著。

「妳明天不上學嗎？這麼晚還看電視？妳這陣子都和什麼朋友在一起，妳到底都在做什麼啊？」媽媽看著寶貝女兒最近的變化，憂心忡忡，希望能知道女兒近來的行蹤和舉動。

「妳現在有時間管我了？妳和爸爸每天都只知道忙工作，我自己會過日子啦，不用你們操心。」敏宣沒好氣的説著，不想聽媽媽嘮叨，轉身就往房間裡走去，留下不知所措的媽媽。

• • •

過了幾個月，敏宣的老師打電話給媽媽：

「請問，是敏宣的媽媽嗎？我是敏宣的老師，有關孩子最近在學校的情形，想跟媽媽說一下，不知媽媽現在有沒有時間，可以講電話嗎？」媽媽心中忐忑不安，不知道敏宣在學校發生了什麼事。

「老師您好，您請說。」

「是這樣的，我發現最近敏宣上學常常遲到，上課時總是精神不濟，對學習好像也沒什麼興趣，功課不斷的退步，不知您是否知道原因？」老師有點擔心敏宣，跟家長詢問一下情況。

「真的很抱歉，謝謝老師今天告訴我敏宣的情況。我和她爸爸平常工作都很忙碌，的確有發現最近她回家的時間都很晚，但因為我們的工作是輪班制的，所以不清楚她早上幾點上學。老師，她是不是交到壞朋友了？」媽媽聽了老師的陳述，心裡很擔心敏宣。夫妻倆好不容易才生下女兒，她是他們的寶貝，平常敏宣想要什麼，都會盡力地滿足她，加上兩人沒什麼時間陪小孩，只能給敏宣許多零用錢，讓她買一些自己喜歡的東西。在同學眼中，敏宣是一位有錢又慷慨的人，大家都很喜歡和她出去玩。

「媽媽先別著急，敏宣目前學習狀況不穩定，很可能是因為晚上常和朋友出去玩，心思沒有放在課業上。所以要請爸爸媽媽多關心敏宣，並且留意她的生活狀態，免得她被朋友利用了，演變成更嚴重的行為。我們可以隨時保持聯絡。」

「好的，謝謝老師，我會多留意，謝謝您的提醒。」掛掉電話後，媽媽心裡擔憂，一想到最近女兒確實不太對勁，經常晚回家；一回到家就躲進房間，完全不和父母說話，每次問她，都是一副不想搭理你的樣子，真的不知道該怎麼和她溝通。如果多跟她講幾句，勸她當心外面的朋友，她馬上生氣說：

「我的朋友都很好，他們都很關心我，願意陪伴我，不像你們眼裡只有工作。」

「怎麼會呢？爸媽是最愛妳的，妳要什麼爸媽不是都買給妳了嗎？」

「妳以為有錢了不起啊，我朋友也都是有錢人啊！」敏宣的行為及伶牙俐齒的模樣，實在令媽媽不敢相信：自己疼愛的女兒怎麼會變成這模樣？儘管痛心又難過，媽媽仍決定要好好關心女兒，不讓她走上歪路。

幾天後，敏宣的媽媽上晚班，白天留在家中。平常很少踏進入敏宣的房內，今天她想著不如了解看看女兒每天都待在房裡做什麼？於是乎她走進敏宣的房間：裡頭一團亂，散落著許多電競遊戲的片子。媽媽檢查了書桌、床鋪和所有地方，看看有沒有可疑的物品；突然，媽媽眼尖，在床緣邊發現一包色彩鮮豔的咖啡即溶包，「敏宣不是不喝咖啡嗎？為什麼會有這包咖啡呢？」媽媽心裡七上八下，打了電話給老公，將敏宣自國中以來的行為變化、上學生活失常的事情一五一十地告訴爸爸。爸爸也意識到情況嚴重，決定晚上和媽媽一起，跟敏宣懇切地談一談，他們一起到學校接女兒回家。

到家後，爸爸直接問：「妳是不是在外面交了壞朋友？到底怎麼回事，為什麼功課退步那麼多？上課還經常遲到？妳不知道爸爸媽媽工作這麼努力，都是為了妳嗎？妳真是令我們太失望了！」爸爸一口氣說了一大堆，敏宣仍不發一語地對抗著，這時候媽媽想緩一緩情緒：

「敏宣，爸爸都是為了妳好，還有，妳房間裡面怎麼會有咖啡包呢？妳不是不喝咖啡嗎？是誰給妳的？」敏宣聽到媽媽搜查過她的房間，頓時惱羞成怒且非常生氣的大喊：

「妳憑什麼搜我的房間，還拿我的東西，太過分了！」說完就跑進房間，用力把門關上，發出很大的聲響，這下子爸媽真的驚覺孩子果然變了，不知道該如何是好。根據敏宣的行為，他們懷疑女兒是不是碰觸到了毒品。一想到這裡，爸媽毛骨悚然，恐懼萬分，一旦染上毒品，敏宣的一生就毀了。他們自己是醫護人員，比其他人更了解毒品是什麼？會對人產生什麼影響？事態嚴重，他們商量著該怎麼辦？

詢／問／過／程

自從進入國中就讀後，敏宣的學業明顯退步，個性變得暴躁，精神不集中，加上房內瞧到鮮豔的咖啡包，媽媽想都不敢想，深怕敏宣做錯事，擔心受怕之餘，腦中浮現警察局似乎有個單位專門處理青少年的問題，查了一下電話號碼，不安地撥打了電話：

「您好，這裡是少年隊，很高興為您服務，請問有什麼事情嗎？」我接起電話。

「警官您好，我想請教有關青少年的問題，可以嗎？」

「可以的，您請說，我們會盡力協助您。」以我的經驗來看，這應該是一位家長，想了解家中孩子的問題。

「我不知道該怎麼說，如果我說了，您們會不會對我的孩子怎麼樣？」媽媽很擔心，不知告訴警察對不對？但她真的沒有其他辦法了。

「沒關係，您先說說看，孩子的事我們是專業單位，清楚孩子的很多情況，一定可以找到幫助他們的方法，但首先您必須告訴我們，讓我們來幫助您。」我希望能減少媽媽的疑慮，讓她能放心地將孩子的狀況全盤托出。

「好。我的孩子敏宣現在是國中二年級，以前的她很正常也很聽話；自從讀了國中後，完全不一樣了，現在連上學都不穩定，學校老師已經通知我們好幾次，特別是我在她房間發現一包咖啡，但我女兒從來不喝咖啡的，我很擔心不知道那是什麼東西。」聽了媽媽的陳述，我感到敏宣的確有些不妥，且咖啡包正是時下新興毒品最常見的包裝。

「媽媽先別擔心，首先您打電話來是非常正確的決定，根據您的描述，孩子有接觸到毒品的可能，現在可能要請您先配合幾件事情。」

「您說什麼？毒品？我的孩子吸食毒品嗎？這太嚇人了，根本不可能啊！我的孩子那麼乖，可是如果是真的，該怎麼辦？孩子會被抓嗎？這樣會不會留下案底呢？以後她的人生要怎麼辦？」媽媽一連串地提出一堆家長都會擔心的問題。

我先設法安撫媽媽的情緒。「媽媽請您先別著急，青少年因為心智還不成熟，容易受到同儕的引誘，有一些偏差行為或觸法行為出現；只要及早發現，大部分的孩子都會回歸正途。況且青少年時期的違法行為，十八歲成年後都將會被塗銷，重要的是，我們得趕快找出孩子的問題，才能幫助孩子。」

很多家長遇到孩子的問題不敢求助，往往是因為害怕自己的孩子得接受司法審判的程序，無法再回到學校上課，甚至會遭到老師和同學異樣的眼光看待。但若是毒品問題，家長是最親近孩子，也是最清楚孩子在生活及身體上的變化的人。如果能在第一或第二次吸食毒品時就被發現或被查緝到案，對孩子有絕對的幫助，也能在孩子尚未成癮時協助他（她）及時戒治，這樣做的話，成功的機會很高，如果等到孩子接觸、吸食一段時間才發現，可能已經毒品成癮了，這時要幫助孩子戒除更不容易也得耗費更大的心力。

「我大致了解敏宣的情況了，請媽媽在家裡配合幾件事項，幫助我們再多了解一下。首先，您必須注意、觀察敏宣的言行，並和學校老師聯絡，了解一下敏宣在學校都接觸什麼人。如果在她房間再次發現咖啡包，且那時敏宣也在家的話，請立刻打電話給我，我們會去您家協助調查。」這類家長求助的個案，其實是最能幫助孩子，及早發現他們是否吸食毒品的方法。

「好的，那我再仔細觀察了解。」

「好，我們隨時保持聯絡。」我請媽媽不動聲色的觀察，不要讓敏宣察覺，這樣才能發現真實的情況。我仔細地交待媽媽要注意的事項。

沒多久，媽媽又在敏宣房間發現咖啡包，且正逢敏宣在家，於是她立刻打電話通知我，我和同仁前往敏宣家中。在媽媽的引導之下，我們在敏宣房內查到一包咖啡，外觀看來很像是新興毒品的包裝，也看見敏宣的外觀狀態有吸食毒品的徵兆，於是我們取得家長及敏宣的同意，帶她們前往警察局採尿，檢驗看看是否有毒品反應。

驗尿報告出來了，敏宣體內確實有新興毒品及K他命的反應，我製作通知書通知敏宣及家長前來警察局接受調查。這天，媽媽陪同敏宣到警察局，敏宣看起來非常害怕，不知道自己會怎麼樣？而媽媽的心裡想必難過又自責：自己怎麼會讓女兒受到毒品的威脅。我開始製作敏宣的筆錄。

「請問妳是敏宣？國中二年級是嗎？」敏宣頭低低、非常害怕的模樣。

「敏宣別擔心，只要仔細回答姐姐的問題就可以了。」我試著讓敏宣放輕鬆些。

「是，我是敏宣。」

「好的，因為妳的尿液裡有毒品反應，請問妳這是第幾次吸食毒品呢？是誰給妳毒品的？」

「我不知道！」敏宣採取不合作態度，在旁的媽媽好言相勸，希望敏宣能如實說出，才能幫助自己。

「妳如果不說，就無法幫助妳自己。因為尿液已經有毒品反應了，證明妳有吸食毒品，如果妳能幫助我們知道拿藥或賣藥給妳的人是誰，將能幫助更多同學不再受害，妳這是在做一件很好的事情。」我努力讓敏宣卸下心防，配合我們說出賣毒的藥頭，阻斷校園毒品的發生。

「可以告訴姐姐嗎？」我再度輕聲委婉的勸說。

「我是第二次吸食。」

「妳都是在哪裡吸食的呢？跟誰一起？」

「我們都是一群同學在一起，經常會去ＫＴＶ唱歌，然後會有同學拿咖啡包或奶茶包給大家試試口味。」敏宣終於願意開口說了。

「妳吸食之後，感覺如何？」

「感覺很興奮，但頭有點昏，隔天精神不好，上課無法專心。」

「吸食毒品感覺不是那麼舒服，為什麼妳還要吸食第二次？」我請敏宣回想為什麼會想要接觸毒品。

「因為大家都一起做，不做好像不夠朋友。他們都是我的好朋友，經常陪伴我的人，跟他們一起做一件事，才表示我們很好，不是這樣嗎？」

「敏宣，同學間的感情很重要，但碰觸毒品就絕對不可以，那會讓妳的人生變黑暗，還可能永遠回不去，而且對身體的傷害更大，這真的不是因為同學情誼就可以做的事，如果妳能告訴姐姐，是什麼人賣給妳毒品，妳可以幫助我們阻止更多同學陷入危險當中。」我對敏宣曉以大義，媽媽也在一旁不斷鼓勵女兒。

「如果妳告訴我們，讓我們抓到藥頭，將來案子到了少年法庭，法官看到妳的悔悟，並幫助警方查出少年藥頭，法官會給妳改過的機會。」

經過一些時間的談話，終於取得敏宣的信任，她告訴我們賣藥給她的人是誰。我們立刻組成專案小組積極偵辦本件向上溯源案件，經過調閱相關資料、偵查過程、埋伏守候，終將藥頭逮捕到案。

安全叮嚀

一、孩子正值青春期的家長應該多觀察他（她）的狀態、傾聽他（她）的聲音，並建立每天固定親子交流的陪伴時光。和諧的家庭關係及良好的親子關係，是預防青少年染上毒品最有效的方法。

二、青春期的孩子透過同儕獲得認同及歸屬感，因此他們非常重視友伴關係，家長要格外留心孩子的交友情形。因為正處叛逆期，稍有不慎，容易有受不良友伴影響之危機。

三、如果在家中發現您青春期的孩子外觀改變、行為異常、性格轉換、習慣改變，就需要多注意。在生理方面有食欲不振、體重減輕、反應變慢、活動力降低、臉上忽然出現顏色較深的痘痘、暴力、自殘、頻尿、鼻孔有出血情形或經常流鼻水；心理方面出現幻覺、妄想、情緒起伏大、精神恍惚、自言自語；或行為方面有異狀，例如房間是否有不明藥丸、咖啡奶茶包、粉末或吸食器？是否比以往更重視隱私或鬼鬼祟祟？忽然需要很多錢或開始有偷竊的習慣？如有上述可能徵兆，可就近諮詢當地派出所或各地少年警察隊，請求專業的協助。

四、近年來，毒品不像早年一眼就可以看出來，例如使用傳統針頭或需要吸食器。新興毒品樣貌十分多元，藥頭以各式各樣可愛又時尚的造型包裝（如咖啡包、奶茶包、郵票、果凍等）吸引少年使用，僅需口服方便性高，降低少年防衛心。因此若孩子參加各式聚會活動或聯誼時，須提醒他們留意來路不明的食物或避免試喝飲料，以免掉入新型態毒品之圈套。

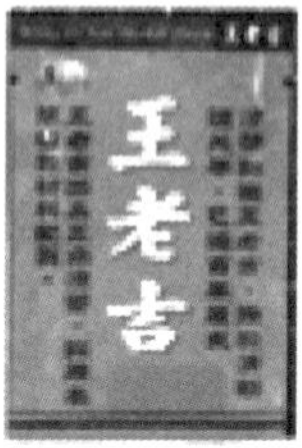

毒茶包

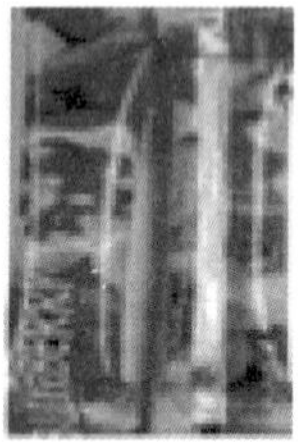
毒果凍

毒果汁包

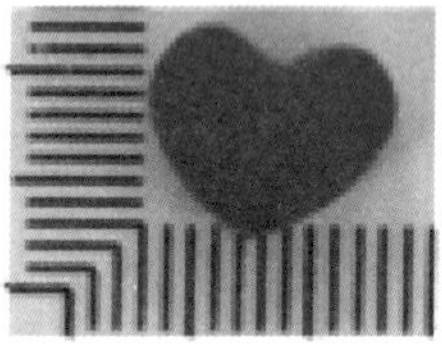
毒糖果

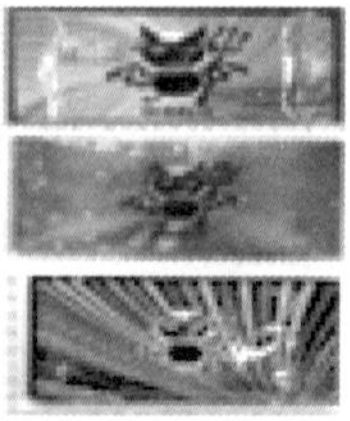
毒咖啡包

毒梅粉

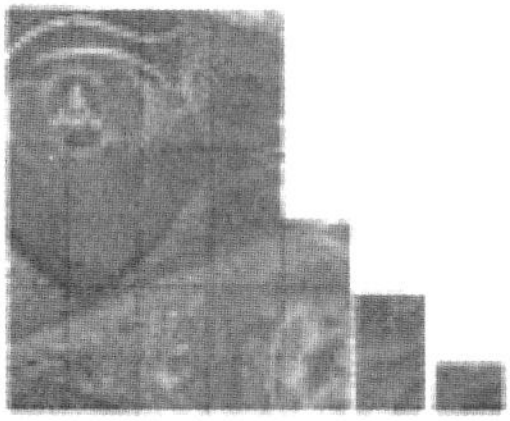

毒郵票

毒糖果

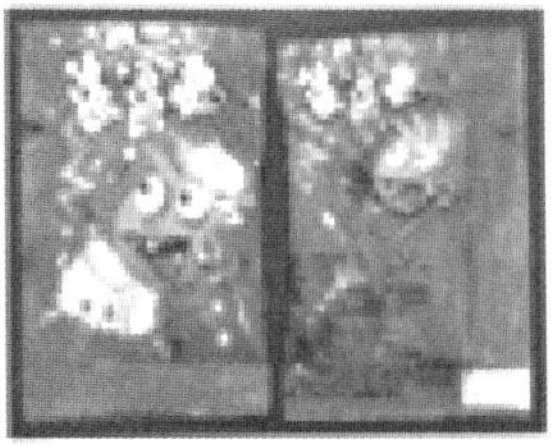

毒跳跳糖

資料來源：
台北市政府警察局刑事鑑識中心

五、教導孩子如何辨識新興毒品，可以尋找網路上的相關資訊或請孩子留意拿到的奶茶包或咖啡包之包裝是否有異樣缺口？觀察包裝是否被重製？確認包裝是否有在市面上販售？如果有其中一項，都需要提高警覺。

六、笑氣因為非列管毒品，加上便宜取得，使青少年誤以為沒有傷害性及無須接受罰則，吸食後會有欣快及夢境般的感覺產生，故常被青少年拿來當成玩樂或開趴時的助興使用。但過度使用會造成呼吸困難、胸悶、心臟缺血、視覺混亂等症狀，此外，使用過後容易使中樞神經系統損害、脊髓神經受損退化、癱軟、意識不清，如果在聚會場所使用亦有被性侵的可能及機會，嚴重者還會造成四肢麻木、癱瘓或昏迷及死亡，所以家長絕對不能輕忽。若發現家中有不明氣球，需隨時求助警方，避免傷害更深。

七、笑氣於一〇九年十月成為第一個被列管的關注化學物質，若未依規定持有笑氣可依法罰30萬元罰緩；若致人於死或危害他人身體健康更可判處無期徒刑或7年以上有期徒刑併科罰金最高1千萬元。所以必須教導孩子正確的相關法律知識，避免受到友伴錯誤的觀念影響。

八、家長常常容易擔心是否求助相關單位會造成孩子的情緒反彈或影響親子間的關係，建議如果有需要諮詢任何藥物濫用、成癮問題，可以先撥打24小時衛生局的毒防諮詢專線0800-770-885（請請你、幫幫我），因為專業的諮詢可以避免您的困擾及猜忌，更有機會協助您解決問題。

Case 2

少年車手，魔鬼的誘惑

高中校園總是生意盎然；下課時間，成群結隊的學生穿梭在校園間，互相聊天打趣，上福利社買個零食吃個東西，還有不少人在操場上打球，校園處處充滿著青春氣息，尤其高中，正是年華正少，是人生中最美好的一段時光。

明禮是高一學生，喜歡交朋友，講朋友情，經常和與他友好的同學在一起玩或是在一起做些什麼事；加上他對朋友很好，所以大家都很喜歡跟他做朋友。明禮的家境普通，爸媽給的零用錢有限，但他樂與朋友一起玩，因此始終覺得手頭拮据。有時候錢不夠花，還得讓朋友請客，讓他覺得臉上無光。看到同學買了不同種類的電競遊戲，他心生羨慕，很希望自己也可以購買。於是明禮想藉打工賺些零用錢，暑假來臨了，趁著這期間去打工相信爸媽也不會反對。

這天他看到一則打工求職廣告，上面寫著薪水高、工作輕鬆、休假正常，有意者請撥打一支行動電話。「薪水高、工作輕鬆……看起來很不錯啊！」廣告內容很吸引明禮，於是他按照上面所寫的電話撥打過去：

「是的，工作內容很簡單，如果你願意來打工，時薪比超商還要高很多呢，而且休假多、不辛苦，你可以考慮看看。但必須先提供你的帳戶資料，我們要進行查證，看你的帳戶是否有問題，如果沒問題，就會通知你來上班了。」男子繼續跟明禮說：

「所以你必須把帳戶提款卡及密碼寄給我們，我們會儘快查證，沒問題之後你就過來上班，我們這裡很缺人。」這個打工條件讓明禮很心動，工作輕鬆，薪水又高，他躍躍欲試，覺得自己的運氣真好，這麼容易就找到一個好的打工機會。

「只要把存摺及提款卡密碼寄給你就好了嗎？」

「是的，你直接到便利商店寄就可以了，你快點寄，就可以快一點開始賺錢。」明禮開心地掛掉電話，隔天便將資料寄送出去。接著，明禮又撥打電話給對方，男人再次強調等通知開始工作。

某天，明禮正和同學在網咖打電動，突然接到電話：

「明禮嗎？工作來了，請你現在去便利商店領取包裹，總共有三個地方，我等一下把超商的資訊發給你，你要去超商領回包裹，領完後就打電話給我。」

「去領包裹就可以了嗎？」明禮覺得太不可思議了，竟然有如此簡單輕鬆的工作。隨後他就依著男子的指示前往三個超商領取包裹。很順利的領完三個包裹之後，明禮馬上打電話給和他接洽的人，他說他叫小馬。

「很好，接下來你去ＸＸＸ這個地方找一個箱子，是行動信箱。把這三個包裹放到信箱裡，裡面也有你今天的工資1千元，你先過去。」明禮半信半疑地前去小馬指定的地點，看到一輛摩托車，上頭還掛著一個信箱，明禮依照指示把三個包裹放到信箱裡去，發現裡面真的有1千元，明禮很高興的把錢拿走了，然後打了個電話給小馬說包裹放好了，錢也拿到了。

小馬說：「下次再等我電話，你看我沒騙你吧？工作輕鬆薪水高，我們這裡很需要願意打工的青少年，如果你有朋友願意，也可以介紹他們來這裡打工。」

「你們還需要人打工嗎？」明禮好奇的問著。

「當然，我們很缺人手，如果你有朋友想打工賺錢，也可以介紹你的朋友來。」明禮沒想到只是領個包裹而已，就賺了這麼多錢，心裡開心極了。後面還有幾次也以相同模式進行，明禮手頭上一下子就寬裕了起來，不僅可以和朋友一起吃喝玩樂，也買得起電競遊戲了。

・・・

這天他們一群人相約去網咖，同學好奇明禮最近怎麼比以前富裕，就問他在打什麼樣的工，怎麼可以賺那麼多錢？

「這個工作輕鬆簡單，就是幫忙領一個包裹，可以賺大約3百塊的車馬費，真的是很不錯的工作呢。」明禮得意洋洋地說給朋友聽。

「我的老闆說，他們很需要收包裹的人，你們如果有興趣，我可以幫你們介紹，一起打工賺錢！」明禮賺到錢後，出手大方，又可以買許多喜歡的東西，在團體中發言也開始有較多人聽他的話，於是自認為可算是老大，便鼓勵朋友們一起賺錢。大家看明禮打工賺錢好像真的很容易，有些人便想開始躍躍欲試，但仍有些人不太敢嘗試。

．．．

這天明禮又接到小馬的電話，小馬說：

「明禮，我看你工作很認真，也都能完成交待的事，但每件才幾百元，實在有點太少了。你想不想要賺更多的錢啊？我們這裡有額外不同的工作，可以賺更多的錢，你要不要試試看？」聽小馬說可以賺更多的錢，明禮心動了，想著既然要打工賺錢，不如趁機多賺一點。

「好啊，那要怎麼做？」明禮已經迫不及待了。

「你先回去等電話，工作來了我就會通知你。」明禮高高興興地回家。回到家中正好撞見爸媽。爸媽覺得近來明禮身上多了很多新東西，換了手機，又買新的電玩遊戲，疑惑明禮哪來那麼多錢？

「明禮，學校暑假沒有輔導課嗎？你每天都在做什麼啊？看你經常不在家。」

「我不是告訴你們，我在打工嗎？」明禮沒好氣的回話。

「打什麼工啊？看你最近買了很多新的東西。」明禮的爸媽覺得有點不太對勁。

「沒什麼啦，就是在公司打雜，領東西之類的。」爸媽急著出門辦事，就沒再追問，也覺得他願意去打工賺錢應該是件好事。

「明禮，工作來了，你去超商領一個包裹，裡面有一張銀行卡和密碼。拿到之後，先去ATM提款機試試看能不能用，密碼是不是正確？然後再等我的消息。」明禮依小馬的指示，去超商領了一張提款卡並到提款機測試了一下，果真可以提款且密碼是正確的。明禮拿著提款卡等著小馬的消息。

這是個騙來的戶頭，一旦開始有受騙的人匯款進來，就必須在最短的時間之內把錢提領出來，才不會被警方查獲。小馬立刻打通電話給明禮。

「明禮，你測試過那張提款卡了嗎？可不可以用呢？」

「可以，我已成功提領了，接下來要做什麼？」

「好，你現在拿這張提款卡，沿路的ATM都可以去領。把錢全部領出來，可能會有10幾萬元吧，領到的錢就先放在你那兒……」小馬交付工作。明禮覺得有點奇怪，為什麼要到ATM櫃員機提領那麼多錢，而且他到現在都還不知小馬的公司在哪？也沒見過小馬本人，一直都是用電話聯絡的。儘管他覺得有些許奇怪，但一想到能賺到更多的錢，便打消懷疑的念頭。

明禮開始依小馬的指示到各個ATM提款，大約提領了15萬元，這時候他打給小馬，問他提完後還要怎麼做？小馬告訴他：

「很好，你都完成今天的工作了，現在把你領的錢和提款卡拿到百貨公司的置物櫃，放進去後，設定好密碼，然後打電話告訴我密碼。你今天的工作表現很好，工資是5千塊，你直接從裡面拿走五千，作為你打工賺的錢。」明禮一聽，今天竟然賺了5千元，高興地說不出話來，只花了三小時的時間就可以賺到5千元，也太好賺了。

另外在警方這邊，因為有被害人發現自己的帳戶被盜，立即向警方報案。警方在查證之後將之列為警示帳號，正清查帳戶的匯款資料，並跟銀行合作，注意該帳戶的匯款情形，如發現有人開始匯款，就會立即通知警方處理。警方會根據銀行提供的資料實施偵查作為，在ATM附近等待車手提領時依現行犯逮捕。

詢／問／過／程

這天明禮又依小馬的指示到ATM提款，正在提款的時候被警方當場查獲，直接帶回警察局詢問。因為明禮未成年，所以警方也立即通知家長到場。明禮爸媽到了之後，內心很焦急，不知道孩子做錯了什麼？經警方的説明才知道原來明禮竟被詐騙集團利用，擔任車手。爸媽緊張地問警方該怎麼辦？警方説明因為明禮擔任提款車手，觸犯了《刑法》上的詐欺罪，鑒於明禮未成年，會移送少年法庭處理，後續也會有社工協助陪同偵訊及輔導，請爸媽不用太擔心。

承辦的刑警人員詢問後，我開始跟家長及明禮進行關懷及法律宣導工作。我先請爸媽及孩子坐下，並斟上幾杯水。

「明禮，你現在的感受如何？知道你的打工是項犯罪行為了嗎？」我希望讓明禮清楚了解整件事情究竟是怎麼回事。

「我不知道這樣是犯罪，我只是去拿錢而已，錢又不是我騙的，應該不算犯罪吧？」明禮還是不太明白。

「我剛剛已經向刑警詢問過細節了。我再跟你説明一下，詐欺犯罪從起意行騙，鎖定對象，實施行騙，一直到將錢財拿到手……每一個環節，都是構成詐欺犯罪的要件，只要你參與了犯罪的其中一個環節，即使你不知情，仍然是共犯。你雖然只是車手，僅負責取款，卻也屬於詐騙的一環，也是最容易被警方查獲的。否則取款這麼輕鬆的事情，小馬怎麼不自己做呢？」我詳細地跟家長和明禮説明細節，只有清楚詐騙手法，才不會再受騙。

「那我們家明禮會坐牢嗎？」家長一直怪罪自己沒有及時發現明禮被騙這件事，如果仔細問一下孩子打工的內容及所賺的金錢數額，可能一早就發現了這件事情，不會讓明禮越陷越深。

「媽媽請不用太擔心，明禮犯的是《刑法》上的詐欺罪。但因明禮是未成年，且心智發展尚未成熟，辨別是非的能力薄弱，少年法庭的法官會衡酌孩子犯案的情節，給予孩子最適當的幫助，且這期間因為您的戶籍地在台北，所以孩子會由台北市少輔會的社工開案輔導，陪伴孩子進入司法程序，也會輔導孩子的身心及法律問題。」我說明了孩子後續會進入怎樣的司法及輔導程序，讓家長稍感放心。但有一件事仍必須提醒家長：

「明禮的爸媽，有一件事必須讓您們知道，因為詐欺案件依照民法第184條及187條規定，少年從事車手成為詐欺共犯，使得被害人遭受巨大的金錢損失，少年就有賠償的責任。賠償金額可能遠大於車手所得，也不是少年負擔得起的賠償，因此父母監護人必須負連帶賠償的責任，所以您們可能也要面臨巨額的賠償金額，您們先要有心理準備。」說完之後，明禮的父母相當懊惱，不知道怎麼會變成這個樣子，竟然還要面對巨額的賠償，他們家經濟本就不富裕，現在該怎麼辦？明禮看爸媽那麼難過，亦無法理解，就問我：

「擔任車手是我自己的決定，又不是爸媽叫我做的，被警察抓到，我自己負責就好了。」

「但你是未成年，在《民法》的規定裡，父母是你的監護人，就負有連帶賠償的責任，否則因為未成年沒有賠償能力，被害人豈不是求償無門了嗎？」明禮了解後，真的很難過，因為自己的無知及想賺錢的欲望，竟會造成父母重大的金錢損失。

「所以打工求職廣告，如果寫著薪水高，工作輕鬆，大部分都會使青少年受騙淪為車手，希望家長能多注意並了解孩子的打工內容，一發現有問題就要立刻報警，讓警方處理，否則等到你詐騙更多人的時候，將來賠償的金額就更大了。詐騙手法日益翻新，我們警方也會加強少年的法治觀念及竭力說明詐騙手法，希望不要再有少年被騙。」說完之後，家長和少年就離去了。

警方每天都會接到查獲少年車手的案件，當看到家長及少年無助的樣子，真的很令人難過，但願在警方積極努力之下，以及不斷的利用各項機會向青少年宣導，能讓少年有警覺不再有機會遭詐欺集團利用受騙。

安全叮嚀

一、如果家中的孩子近期有生活作息不正常、交友複雜、無照駕駛頻傳，以及在家人不給零用錢的情況下仍有額外的收入，或是身上莫名多了名牌服飾與球鞋時，父母可能需要多留意孩子是否有被詐騙集團吸收的問題。

二、詐騙集團為了吸收小弟擔任車手幫忙取款，通常會找一些無知的青少年，提供他們物質或帶著到處吃喝玩樂，待時機成熟便吸收之擔任車手，協助提款。警察循線逮捕，第一個被抓的往往是少年，詐騙集團首腦總是躲在背後享受不法所得，未來上法院及賠償的問題幾乎都由無知的少年及其家長來面對。提醒少年朋友們，天下沒有白吃的午餐，腳踏實地工作賺取薪資，才是最安全的金錢來源。

三、詐騙集團常會以就算擔任車手被抓到，也不需要承擔什麼法律責任的話語來欺騙少年，而少年在話術及金錢價值觀偏差下鋌而走險，成為犯罪集團的一份子。提醒少年及家長們，少年觸犯詐欺罪雖然是以《少年事件處理法》審理，少年除了需要繳回不法所得外，被害人還有權請求民事賠償，這都足以令人傾家蕩產。

四、詐騙集團常以各式求職廣告包裝，吸收涉世未深的青少年及職場新鮮人，擔任車手或收購、騙取其帳戶作為詐騙提取之人頭帳戶，少年完全成了詐騙集團的擋箭牌。

五、通常「缺錢」是青少年犯案的主因，有的可能因家中有急用，有的可能是為了享樂物欲……等，其中又以物欲享樂最為常見，所以「賺錢快、多且輕鬆」成為詐騙集團吸收車手的宣傳口號及手段，藉此誘騙少年，讓少年躍躍欲試。所以平常要多教導孩子，知悉詐騙集團的慣用手法和術語，以免一不小心落入圈套。

六、提醒家長平時多關心孩子的生活作息及交友狀況，以關心替代責備。當有可疑的資訊時，可向學校老師關心了解一下孩子在校的行為或是諮詢警方及從事少年輔導的機構，及早發現，及時阻止。

七、少年於寒暑假打工，務必留意工作內容及性質，切勿受金錢誘惑，尤其是被成年人利用來犯罪。父母依《民法》第184及187條規定，少年違反法令行為，造成被害人金錢上的損失，少年有賠償責任。若少年父母因無力賠償，可能會需要變賣房產，幾十年的積蓄付之一炬，少年也因此背上詐欺罪名，不可不慎啊！

八、詐騙常見用語：

1. **動動手指就能賺大錢？工資當天現領，上班時間地點自由。**
2. **有電腦、手機就能打工，輕鬆、簡單。**

3. 不用會費、不是詐騙，快加Line詢問。

4. 我們有提供職前訓練，費用是5百元，請先匯款。

5. 為了方便公司會計作業，請提供您的提款卡及銀行存摺。

九、網路求職停看聽：

1. 使用合法求職平台、官方網站找職缺。

2. 避免提供個資、提款卡及銀行帳戶。

3. 受騙立即撥打165反詐騙諮詢專線。

Case
3

藏在螢幕背後的千面人

夏芸是一個喜歡展現自己的女孩子，天性喜歡交朋友，在學校人緣極好。家境也很富裕，爸媽每個月給她不少零用錢，夏芸多用來請朋友吃吃喝喝。因為家庭環境因素，她從小就崇尚名牌，常和同學逛百貨公司，挑挑名牌物品。這天她和同學在百貨公司看中一個名牌包，夏芸非常喜歡，但爸媽給的生活費再多也絕不可能買得起，她又不敢向爸媽開口。

夏芸經常在各交友軟體上結交朋友，今天她上網時，仔仔已經上線了；看到夏芸上線，立刻找她聊天：

「今天妳在幹嘛，怎麼這麼晚才上來？我都等妳好久了。」仔仔抱怨著，兩人在網路上認識，大家聊得很愉快。

「沒有啦，今天和同學逛百貨公司才比較晚。」夏芸隨便聊著。

「有看到喜歡的東西嗎？」仔仔問。

「有看上一個包包，我很喜歡但太貴了。」夏芸臉上露出失望卻也渴望的表情。看來夏芸很想買到這個包，仔仔覺得機會來了。

「夏芸，我們聊這麼久了，我覺得妳長得很正，是我喜歡的菜，我們可不可以做男女朋友？」仔仔想和夏芸建立進一步的關係，夏芸猶豫了一下，心想平常和仔仔在線上聊天的確蠻開心的。仔仔人也不錯，常會主動關心她，問她有沒有什麼需要，加上夏芸想要有一個男朋友，於是就答應仔仔的要求。

「好吧！我們就當男女朋友吧！」仔仔暗地裡高興，總算夏芸願意當他的女朋友了。

「太好了，今天起妳就是我的女朋友了，我會更照顧妳的，妳有什麼需要都可以告訴我。」

「好啦！」夏芸也開心找到一個男朋友了。

以後，夏芸每天都會到聊天軟體中來和仔仔聊天或視訊，二人越聊越覺得有默契。

‧‧‧

「芸芸，我們都是男女朋友了，應該要更親密一些，所以妳可以傳妳的裸照給我嗎？」夏芸對仔仔的要求覺得有點奇怪。

「為什麼要傳我的裸照給你？」夏芸狐疑的問。

「現在大家都這樣啊，很普遍的好嗎？表示我們很要好，也證明妳愛我啊。我也可以傳給你我的照片，如果妳要看的話。」仔仔表明自己也可以先傳裸照給夏芸，以取得夏芸的信任。

「好啊，要不然你先傳你的給我看看。」仔仔這樣說，激起夏芸的好奇心，她也想看看仔仔的身材。

「好，沒問題，我馬上傳給妳，但妳看了之後，也要傳妳的給我才行哦！」仔仔希望今天就可以拿到芸芸的裸照。

「先看完你的再說。」仔仔立刻上傳一張自己很滿意的上半身裸照給芸芸。

「哇，你身材還挺不錯的，還有六塊肌，真的假的啊？」夏芸看了仔仔的裸照覺得他身材很好，人又長得英俊，心中竊喜自己找到一個很帥的男朋友。

「現在你有我的裸照了，換妳傳給我了。」仔仔要夏芸把她的裸照傳給他。

「但我沒拍過，不知道要怎麼拍？我也會有點擔心自己的裸照不好看。」

「怎麼會呢？妳是我的女朋友，妳怎麼樣我都喜歡，妳怎樣都漂亮。妳給我裸照，我會更愛妳，因為表示妳很看重我。」仔仔怕夏芸後悔，想盡辦法說服她。

「一定要給你嗎？還是我穿少一點就好，不要拍裸照啦！」夏芸還在猶豫，不知自己該不該拍裸照給仔仔。

「那不一樣啊，妳的裸照代表你對我的認同。更何況，大家現在都這麼做；妳不要想太多，如果妳擔心，可以拍一個不露臉的裸照，只要不露臉，妳就能放心了吧。」不露臉的裸照，似乎讓夏芸較能放寬心。

「還有，芸芸妳不是喜歡名牌包嗎？妳的裸照很值錢哦，一張我可以給妳1千元，賺錢很快的。」仔仔提到裸照可以賺錢。

「而且妳不露臉，根本沒人知道妳是誰。所以妳是安全的，不用擔心。我是妳的男朋友，我會幫妳的，只要妳配合我，我很快就可以讓妳買到名牌包。」仔仔越説，夏芸越動心，特別是可以買到她思思念念的名牌包，就更讓夏芸想要去做。

「好吧！那要怎麼拍呢？」

「妳自己拍就可以了，擺出妳最撩人、性感的姿勢，可以不要把臉露出來，自拍之後再傳給我，我等妳哦！」仔仔心中暗喜，夏芸總算上勾了。過沒多久夏芸又上線了，仔仔趕緊問她：

「拍好了嗎？可以傳給我了嗎？」仔仔很急，生怕芸芸後悔。

「拍好了，好害羞喔！」夏芸第一次自拍裸照，有點忐忑不安。

「一定拍的很美。不露臉沒關係，妳傳給我，我可以馬上給妳1千元。妳可以展示身材，又可以賺錢，不是很好嗎？」仔仔繼續努力説服。

「那我傳給你喔，你要保管好哦。」夏芸還是把自己不露臉的裸照傳給仔仔了，仔仔也信守承諾地電子轉帳1千元給夏芸。拿到錢之後，夏芸非常開心，心想反正大家都不知道那張裸照是誰，又可以賺錢，還真不錯呢！

・・・

之後，仔仔就經常要求夏芸拍裸照給他：各種不同姿勢及部位的裸照，且尺度越來越大。每張照片仔仔都會給夏芸一點零用錢，夏芸也可以趁機購買她喜歡的名牌物品。她也非常開心可以靠自己賺錢買到心愛的東西，完全沒有發現自己已經掉入陷阱裡了。

「芸芸，我們都認識這麼久了，我又讓妳賺了不少錢，我們是不是應該見見面呢？難道妳不想見我嗎？」

其實夏芸也很想見仔仔，「好啊，我們見個面。約在哪裡呢？」仔仔和夏芸約在MTV的包廂中，這是個可以安靜談天的地方。夏芸還特別精心打扮，準備赴約。

夏芸依約定時間來到MTV。這是夏芸和仔仔的初次見面，儘管她已在網路上和仔仔進行過視訊，但直接面對面仍不太一樣。夏芸見到仔仔後感覺還不錯，只是沒想到，仔仔突然拿出她拍的裸照出來。

「你幹嘛帶我的裸照出來啊？」芸芸不懂的問仔仔。

「我想告訴妳，我知道妳讀的學校和班級。」夏芸大吃一驚，仔仔怎麼可能會知道我的學校和班級？

「不可能，你一定是亂說的，你怎麼會知道？」夏芸還是不相信。

「這有什麼難的？和妳聊天的時候，妳都會有意無意地說出學校的事情，而且妳公布在IG上的資訊還蠻多的，要知道有關妳的事情不難啊！」仔仔竟然把她的學校班級說出來，而且還是正確的，這時夏芸感到害怕了，好像自己失去隱私了。沒想到仔仔繼續恐嚇她：

「現在我已經知道妳是誰了，在哪個學校讀書。妳最好配合我，否則就等著讓老師和同學看見妳的裸照。」夏芸害怕地跌坐在牆角邊，哀求著仔仔：

「你可不可以不要這樣？你不是我的男朋友嗎？為什麼要這樣對我？」

「我還是愛妳的，但妳要聽我的話，再多寄一些裸照給我，否則後果自負。」仔仔的威脅及恐嚇讓夏芸不知道該怎麼辦，她也很害怕，意識到自己真的陷入了險境。

從此以後，仔仔不時地逼迫夏芸繼續拍裸照給他，更可惡的是，他還會要求夏芸裸露性器官及拍攝裸身跳舞的影片給他，並警告她如果拒絕，就要把之前的裸照傳送給老師及同學，夏芸害怕極了，只好依仔仔的要求，但這一切讓夏芸痛苦不已！

•••

夏芸的爸媽其實一直很關心女兒，所以夏芸想要什麼都會買給她，給的零用錢也不少。這次夏芸在網路交友軟體上遇到這樣的千面人，被仔仔無限期的恐嚇，令她深陷痛苦中。她不敢告訴老師和同學，心想是否找時間告訴爸媽呢。

今天媽媽在家烹煮完晚餐後，叫喊夏芸用餐。但飯桌上她一副心不在焉且滿臉愁容的樣子，媽媽已經發覺夏芸似乎一段時間總滿懷心事，打算趁今晚好好關心夏芸。

「芸芸，妳最近是不是遇到什麼事了？怎麼上學都無精打采的，飯也不好好吃，都瘦了不少，到底是怎麼了？」夏芸不知道該怎麼跟媽媽說，欲言又止的。

「沒關係，妳跟媽媽說說看，有事我們一起來解決。」

「媽咪，我被人恐嚇威脅了……」夏芸一說，媽媽感覺到問題似乎真的很嚴重，詳細詢問之後，才知道夏芸真的遇到大麻煩了。

「都已經被騙成這樣了，妳怎麼現在才說。媽媽認識一位警官，我們趕快去跟警官報案，看看要怎麼解決？」媽媽很痛心女兒受到這樣的遭遇，也很懊悔為何沒有早些關心夏芸。如果能早一點發現，也不至於到今天這個無法收拾的地步。

詢／問／過／程

美慧是我的老朋友了，這天氣急敗壞地打電話給我，說她女兒遇到了很嚴重的事情，想跟我約時間，要帶女兒到警察局報案。我想事情一定很嚴重，否則美慧不會那麼憂心著急；我請美慧隨時可以來警察局找我，我會盡力幫忙。

當天美慧就帶著女兒到警察局，夏芸長得跟媽媽很像，從小看著她長大，如今已經是亭亭玉立的女孩了。到底是碰到什麼事情了，怎麼看起來神情憔悴許多，我請她們到會客室稍坐，美慧心急如焚。

「小邱，怎麼辦？我女兒怎會碰到這樣的事，她的一生會不會就此完蛋了？」我看夏芸一臉難過。

「美慧先別急，遇到事情都可以想辦法解決，夏芸怎麼了？」

「她被恐嚇勒索了，而且還笨到拍自己的裸照給人家。這個大騙子，妳一定要把他抓起來，太可惡了。」聽了美慧的話，我大概知道怎麼回事了，夏芸一定是在網路上把自己的裸照隨便給人了，現在一定痛苦萬分。我趕緊問夏芸，情況如何了。

「芸芸，妳快跟阿姨說，現在怎麼樣了？知不知道對方是誰？」夏芸真的是手足無措，聲音低低的說：

「阿姨，我也不知道怎麼會變成這樣，剛開始我以為只是沒露臉的裸照，不會有人知道我是誰。沒想到他竟然會知道我的學校和同學，並威脅我若不再給他裸照或影片，就會讓我的老師和同學看到這些東西，我很害怕只好照做，但他越來越過分，我實在受不了了。」聽完芸芸的描述之後，我為這個女孩感到難過。美慧也一直在旁責備自己的女兒實在太笨了，怎麼會上當呢？此外，也責怪自己為什麼沒有早點發現，讓芸芸受到這麼大的傷害。

「芸芸，妳聽阿姨說，妳是怎麼在網路上認識他的？有沒有他真實的姓名，或者有關於他的任何資訊，等一下妳都要詳細的提供給我們的專案人員，他們會想辦法把騙妳的這個人找出來，他違反了《兒少性剝削防制條例》，一定會被移送法辦，由法律來制裁他。但現在有幾件事情，妳必須要立即處理。」我耐心地跟夏芸解釋立即要做的事，也很心疼自己看著長大的女孩，怎麼會遭遇到這樣的傷害，我想她的裸照應該已經被散布出去了。

「阿姨，那我的裸照收的回來嗎？」芸芸非常難過，不知怎麼樣才可以彌補。

「妳先別那麼擔心，妳的裸照當初真的不該隨意給別人，自己的身體是很珍貴的，不能用任何東西來換，尤其是現在網路傳播速度太快，任何東西都可能散布出去，且很難控制。但現在為了保護你的安全，因為他已經在恐嚇勒索妳，所以要馬上處理。」

「小邱，那該怎麼辦才好？如果芸芸的裸照被散布出去，那她還怎麼做人？」媽媽聽我說了之後，更加憂心和自責。

「先不要想那麼多，現在芸芸的安全最重要。芸芸，妳現在要關掉ＩＧ及臉書等所有帳號，Line也要封鎖他，就是完全斷絕和他的任何聯繫，不要再跟他有任何接觸，也不能讓他在網上找到妳。」我一件一件交待得很詳細。

「但是，他還是知道我的學校和老師。」

「對，所以我會通報警方及學校，加強上下學的巡邏勤務，保護師生安全。妳放學的時候，儘量和同學一起走，不要落單，如果再發現他，就立刻報警或打電話給阿姨，阿姨會馬上派人過去，這樣聽明白嗎？」我擔心芸芸再受威脅，所以要夏芸關掉所有目前正在使用的任何帳號，先斷絕聯繫，至於那個藏在背後的千面人，專案小組一定會立刻逮捕他，並且將他繩之以法，不再讓少女受害受騙。

「好，阿姨我知道了，但我還是很擔心老師及同學會看見裸照，我該怎麼辦？」這是一個很大的問題，孩子往往把裸照給出去就收不回來了，我只能安慰她：

「芸芸妳看，現在很多有名的明星，以前小時候也被騙拍過裸照，但她們現在還是很有成就，所以希望妳能夠勇敢往前走，妳是一個好孩子，好好讀書，這件事一定會過去的。」我安慰芸芸，事已至此，只能打起精神勇敢走下去，趁著芸芸起身去廁所的時候，我提醒美慧：

「這陣子一定要多關心、多注意芸芸的身心狀況，如果有需要，我可以幫她安排心理諮商師。總之，孩子受傷很深，不要再責備了，好好幫她走出這段陰影吧。」

她們母女離開了，我仍然覺得難過，畢竟是好朋友的女兒，真不忍心看她這樣受折磨，藏在網路背後的千面人，真是無所不用其極地在欺騙少女的裸照，警方必須加強宣導和積極查緝，保護我們的女兒免受這樣的傷害。

安全叮嚀

一、網路詐騙照片手法：

1. 想交異性朋友嗎？給我裸照，幫你招桃花。
2. 我們都是有感情的朋友了，可以互換裸照，代表你真的愛我。
3. 用一張裸照換一個名牌包。
4. 想打工賺錢嗎？先拍性感寫真，再安排你進演藝圈。
5. 想跟明星一樣有好身材，拍一張裸照，我幫你看看要怎麼減肥。
6. 我也是女生，給我看裸照沒關係。

上述手法都是目前很多案件中的樣態。

二、網路上常見的控制兒童及青少年手段，有誘拐者會主動地在與孩子的互動裡加入「性」的成分（如：情感勒索要求提供私密影像），並試圖控制孩子。如果孩子拒絕，他們的手段會變得更具掌控性、更具攻擊性。以下是他們常見的做法：

1. 如果孩子拒絕，會讓孩子覺得這樣不好，讓孩子產生自責心理。
2. 要求孩子如果真的愛他就再做一次。
3. 霸凌孩子，讓孩子覺得難受。
4. 跟孩子說沒有人關心他們，讓孩子遠離家人與朋友（形成孤立）。

5. 威脅孩子若不繼續配合他或向別人尋求協助，就會公開私密影像。
6. 讓孩子因曾做過跟性有關的事，而感到羞恥、尷尬或內疚。
7. 讓孩子知道他們會因為曾做過的事，惹上麻煩，且被家長責罵。
8. 讓孩子覺得是自己的錯，因為他們有參與或享受其中的過程。
9. 威脅或傷害孩子周遭的家人、朋友，或寵物。
10. 威脅要自殘。

三、網路色情陷阱與私密照外洩風險，經兒福聯盟的調查發現，兒童少年發送裸照給網友的可能性會隨著年齡增長而增加，女孩比男孩更容易收到拍裸照的要求，但男生跟女生分享的機率差不多。大人通常能敏感意識到私密照會產生的危險，但許多孩子並沒有這種概念，特別是在愛與信任的關係下，他們往往認為分享私密照給別人是一種信任與愛的表現。家長應該要教導孩子們了解，私密影像被複製、轉傳給其他人是非常容易和危險的事情，以及這類影像很容易引來別人進一步的威脅、恐嚇，甚至帶來非常嚴重的後果。

四、家長要讓孩子知道，一旦在網路上分享任何文章、照片、影像，這些資料都會在網路上流傳，很難移除。同時要跟孩子討論分享私密照的風險，以及拍攝、製造出這些私密影像，容易遭到威脅或誘拐。另外，要指導孩子怎麼設定社群網站的隱私，限定可以觀看他們資訊的人，並將對方設定為黑名單，避免再被騷擾。

五、多關心、多溝通。家長可以試著跟孩子討論，在網路上偽裝是否容易、在網路上偽裝成別人有什麼原因、跟網友保持安全距離有哪些方法、如果不認識的網友想跟你認識和聊天該怎麼辦、與網友的對話開始令你不舒服時，孩子可以怎麼辦、讓孩子知道在任何關係感到壓力，或有性愛成分存在，都是不健康的關係。

六、遇到故事中的問題時一定要懂得求助。要先保留證據，立刻完整截圖（對話、圖片、日期、時間點、對方的帳號、FB網址……）。進行求助時告訴可信任的大人，如家長、老師、親友，或者可諮詢兒盟專線（踹貢少年專線 0800-001769／「哎喲喂呀兒童專線」0800-003-123）。並且盡快報警：請警方進行調查散布者，一年內可向各事件發生地之警察機關提出性騷擾的申訴，且提告時間在半年內可向發生地之地方法院提出民事訴訟，由檢調單位進行調查。另外，若發現不雅照片可以將散布的平台與網址寫下來，請求 Web885 網路諮詢熱線和 iWIN 網路內容防護機構協助，將不雅照移除。

Case
4

那些不甘寂寞放蕩的日子

元浩在單親家庭中長大，沒有任何兄弟姐妹。爸媽在他很小的時候就離婚了，他打小便跟著媽媽生活。媽媽每天外出工作，有時候幾天才回來一次，於是元浩就如電視中描述的「鑰匙兒童」一樣，自己上學放學，一個人待在家中。小學時，大概因為元浩還小，媽媽較常在家中陪伴他，對他的照顧也比較多；小學階段，元浩學習成績很好，品行優，可謂是一個好孩子。

升上國中以後，媽媽的工作比以往更加忙碌，見元浩的時間也越來越少。正值青春期的元浩，渴望關懷及朋友，在班上認識了一些同學。當中有一個叫大雄的男生，很講義氣，總跟元浩在一起玩；放學後，兩人也常相約到網咖。元浩覺得有同伴關心他，不會寂寞；慢慢地，元浩開始對學習失去興趣，大雄也經常翹課，久而久之，元浩和大雄開始三不五時的逃學。大雄自己結交了許多外面的朋友，他們看上去都很了不起的樣子，還有小弟呢。大雄帶著元浩和他們一同抽菸玩樂，元浩覺得這種有兄弟罩的日子實在太棒了，比上學有趣多了。於是元浩斷斷續續的上學，多半二天會到校一次，免得被通報中輟遭警察抓捕。

「建城那傢伙真是大爛人，旋轉（指人講話不斷兜圈子）我說要還錢，還在ＩＧ限時動態上放了一堆大吃大喝的照片，以為我是吃素的啊！」大雄先在ＩＧ上嗆他，警告意味濃厚地說：「限你今天還錢，否則你自己看著辦。」建城因和大雄是同一夥的人，所以常找大雄借錢。大雄家境寬裕，爸媽給的零用錢又多，遂陸陸續續借給他，已經累積5千元了。

「好啦，大雄哥，拜託啦，再給我兩天的時間，我一定會還你。」建城回了大雄，求大雄再多給他一些時間。但大雄覺得建城根本沒有還錢的意思，於是夥同元浩及其他朋友一起到建城的學校門口，打算堵人。這可是元浩第一次和兄弟一起出任務，他覺得自己有著江湖大佬的作風，自己太能幹了，居然可以幫兄弟處理事情。

這天下課大雄一幫人在校門口附近等建城，建城一出現，立馬被大雄一群四、五個人團團圍住，逼著建城還錢。建城一時還不出來，被大雄等人拳打腳踢；元浩第一次跟著，只能在旁邊觀看助勢，不太敢動手打人。打架的事很快便有人通報110，一群人迅速地逃離現場。自此以後，元浩成為和大雄、老大同一卦，成天和老大們在外面吃喝玩樂，越來越少去上學。國中三年很快過去，元浩的媽媽整天忙碌很少回家，也不知道元浩在做什麼。元浩就這樣放蕩下去，成為一個不折不扣的小弟，有人吆喝就去旁邊助勢圍觀。元浩在這幫兄弟中找到自己存在的意義。

• • •

升上高中後，元浩更自由了，已經沒有通報中輟的問題，索性不上學，老師對他沒辦法，媽媽知道後也曾苦勸元浩回到學校，否則以後能做些什麼呢？但親子關係的疏離，媽媽在孩子國中階段忽略其需要，以為進入國中生活就代表著長大了，可以稍稍放心，沒想到會造成今天的結果。小學時的懂事乖巧、班上的模範生，好像已經回不來了，讓媽媽很自責卻又無可奈何！

進入高中之後，元浩膽子更大了，結交了更多外面的大哥。同一學校的學長看他聰明好用，便吸收他成為一夥人；他們不上學，平時都待在撞球場，遇到事情的時候，就在 Line 群組裡面召集大家到場解決；因為他們多半在外面無所事事，所以幾乎是隨傳隨到，像是一群隨時可以移動並且用拳頭解決事情的放蕩少年。

元浩跟著處理的事情越來越多，一天，大雄的乾妹妹，跟另一個女生同時喜歡上一個男生。兩個女孩在網路上爭風吃醋，另一位女生直接在網路上開副本（公開他人個資或對話截圖，並且訴說對方的所作所為）嗆乾妹妹：

「他是我的男人，妳這個爛貨！竟然敢搶我的男人。」結果乾妹妹怒不可抑，嚥不下這口氣，找大雄替她出氣。乾妹妹被欺負了，大雄當然不能坐視不理，立即找來元浩和幾位兄弟，打算找那女孩算帳。雙方約好時間見面談判，另一個女生也不甘示弱地找來同黨，兩派人馬在公園一言不合地打了起來。這是元浩第一次動手打人，跟在大雄身邊久了、膽子壯大了，加上若只是圍觀助勢，提升不了自己在團體中的地位。從此之後，元浩參予鬥毆行動，打架鬧事對他來說開始成為稀鬆平常的事。於是，元浩成了警察局列管要約制告誡輔導的少年。

一天，大雄和一群人在打撞球。大雄的一個小弟和其中一個少年有賭債糾紛，當場要求他清償債務，但欠債人不予理會，逕自玩他的手機，並透過網路通訊軟體傳訊息找人來撞球場幫忙。因為同伴在一旁，大雄怕被人輕看，隨即用拳頭捶打對方的肚子及背部，雙方人馬因大雄的打人行為，開始互相叫囂：

「有種你放馬過來，你不要走，等我老大過來，你就死定了，有種試試看。」大雄也怒氣沖沖，嗆他：

「來啊！誰怕誰」，於是拿起一早預備好的棍子，往對方的頭部敲。雙方大打出手，元浩從口袋拿出擊破器，朝對方的頭猛敲，霎時間，就聽到似蛋殼破裂的聲音，接著，對方的頭不住地流血⋯⋯。這是第一次元浩把人打得頭破血流。

詢／問／過／程

元浩被帶進警察局，頭低低的不說話，同事偵詢完之後，我來到他的面前，想和他談談。每次看到少年進入警察局，我都會想他背後有著什麼樣的故事，是什麼原因要和人打架鬧事，有些少年根本懶得理你，但有的會跟你聊上幾句；我抱著一定要試一試的心態，只要有一點機會就不放棄，因為我們的孩子在少子化的時代，每一個都是寶貝，都是國家的資產。

「元浩，我是警官姐姐，今天是第一次打架嗎？」我試著跟他說話。

「嗯。」他頭都沒抬起來。

「那你知不知道這是要送法院的？」

「不知道。」他態度仍然很不友善。

「為什麼不想上學？」我試著引導他，希望找到原因。

「學校太無聊了。」我看了元浩的資料，現在是17歲，應該是高中二年級。但資料顯示他自國中開始就常輟學，直到現在幾乎都沒在學校好好的上課，且從小是單親，和媽媽同住，可能在家庭功能上所有欠缺。

「但你不上學，在外面做人家小弟，覺得有趣嗎？」

「至少有人和我一起做事情，不會無聊。」孩子最怕的就是無聊、沒人關心和陪伴。如果家庭無法滿足這些需求，孩子就容易往外發展；當接觸到不良友伴時，和人打架是最普遍的觸法行為。開始打架之後，就會越來越大膽，從助勢到使用拳頭，接下來就會使用武器，而那些所稱的大哥，常會以毒品引誘青少年並加以控制，碰到毒品之後就很難再回頭了。

「元浩，你怕無聊，那好，姐姐有空可以陪你聊天，我還會介紹社工姐姐給你認識，無聊的時候可以找我或社工姐姐，你說好嗎？」我覺得元浩不那麼壞，應該有一些機會。

「這是我的名片，上面有我的電話，如果你遇到什麼事情，至少你認識一位警察。還有，別再出手打人了，這次你要上法庭，但法官會給你改過的機會，你也漸漸地長大了，可以想想以後你要過什麼樣的日子；媽媽辛苦把你養這麼大，你不要讓她擔心才好。」

「……」元浩沒再說話，我希望他是在想我剛才說的話。

• • •

後來，元浩被少年法庭裁定保護管束，在保護管束期間要定期向保護官報到，但他仍然沒有去上學，依舊跟大雄他們在外遊蕩。有一天，又因為雙方互看不順眼，彼此從通訊軟體叫人來，一言不和打起來。這次元浩沒打人，只在外面觀看，但仍被警察帶回局裡，我一看到他就走上前去在偵詢前與他談話：

「姐姐不是告訴過你，別打架，這次又打架了？」

「這次我沒動手。」元浩的表情柔和些，跟上次進來時的態度不太相同，我感到他有些改變，想趁機再跟他多聊聊。

「那這次為何沒動手？」

「警官姐姐，老實跟妳說，最近我常會想，我已經18歲了，每天這樣打打殺殺，好像越來越沒意思了。」我好像看到一線曙光，少年在年少時放蕩，但長大後有些會懂事，會開始想自己的未來，元浩已經在思考了。

「你能這樣想就對了，你的人生才正要開始，未來只要你有工作，開始用自己的能力賺錢，慢慢的就能有新的人生。」我想辦法讓元浩了解，人生有無限可能，只要能回頭永遠可以靠岸。

「警官姐姐，妳可以幫我嗎？」

「當然可以，你有任何需要都可以找我，我會幫你，現在你有什麼需要幫忙嗎？」我真的希望可以提供元浩任何協助，在這關鍵時刻，他特別需要有人拉他一把！

「我不知道怎麼脫離大雄他們，前陣子我有想過不再跟他們聯絡，但他們還是會一直找我，我不敢跟他們說我不想再去打架了，我怕他們會報復我。」元浩說出了很多想脫離團體的少年的害怕，我很了解這種情況。

「元浩，你已經想要脫離這種日子了，姐姐很高興，是什麼原因讓你想要離開呢？」我希望了解元浩的想法，看他的念頭是否能維持並且堅定。

「我長大了，也看見媽媽的辛苦。媽媽有時候在深夜回家看到我時，會偷偷的掉淚，然後告訴我，她對不起我。我聽了很難過，我不應該再讓媽媽擔心或是讓她來警察局為我擦屁股了。」我發現元浩是真的長大懂事了，自己想要改變生活，我一定要好好幫助他脫離不好的團體。

「你能這樣想，並且開始懂得體貼媽媽的辛苦，姐姐相信你一定可以成功的。」

「那我應該怎麼做才能不再跟他們來往呢？」元浩仍感到困惑。

「沒關係，姐姐告訴你。你先找一份工作，找便利超商或任何你喜歡的工作都可以，維持穩定有規律的生活。」工作是一個很重要的元素。少年開始工作之後，生活有目標和重心就不會感到空虛無聊，也比較能不受團體的吆喝就聚眾滋事。

「好，我明天就去找份工作，我喜歡喝飲料，可能會去飲料店打工。」我和他一起計畫未來。

「還有很重要的事，你不能再回覆他們的 Line，最好不要讀，他們找你，你都不能再去。」

「那他們會不會生氣來找我？」

「這點，大雄那邊我們會找人去約制告誡他，也會盯著他，相信他不敢再亂來。」我們會盡量幫助元浩掃除他現處的不良環境，但也需要元浩的配合。

「另外，元浩你還必須改變跟他們不一樣的作息。他們是深夜活動，白天休息，所以你要跟他們不一樣，你要找白天上班的工作，夜間休息，特別不能在深夜出門，也不能去他們常去的撞球場及網咖，不要再跟他們有任何的接觸。」元浩很認真看著我，很仔細的聽著。

「然後如果你碰到任何事情，一定要打電話給我，你放心，姐姐會處理好。」我仔細的一件一件交待清楚，希望元浩能堅持做到這幾點，加上同仁的協助，一定可以幫助他回頭。

後來元浩跟我說他找了一份在飲料店打工的工作，又到加油站及汽車美容廠等上班，深刻感受到賺錢真的很不容易，更能體會媽媽的辛苦；也聽我的話，對大雄的 Line 完全不回應；認真工作之後也沒時間和他們出去了，果真漸漸地大雄也不再找他了，認為元浩已經不屬於他們的團體，把他踢出去了。

我真的非常高興看到元浩的轉變。少年的變化很大，我們絕對不能在任何時候放棄一個暫時迷失方向的少年，只要耐心持續不斷的關心，他們一定有機會可以回到正軌。

‧‧‧

有一天元浩主動來警察局找我，很開心這次他不是因打架鬧事進來。他手上拎了一杯飲料要請我喝，元浩真的把我當朋友了。

「今天怎麼對我這麼好？請我喝飲料？」

「姐姐幫我很多啊！」元浩表情有點不好意思。

「最近工作的怎麼樣？」我問他的日常。

「在加油站打工，很辛苦，錢不好賺。」我知道元浩資質很好，如果他肯讀書，說不定會有更好的前程。

「那你要不要試試去讀書、考警察學校，跟姐姐一樣當個警察，換你來幫助迷途的少年們，如何？」我鼓勵元浩參加警察基層特考。元浩聽完之後，眼睛出現了一抹光亮，他肯定有想法了。

元浩是一個非常令人感動的真實案例，也可以作為少年的模範。在國高中的六年時間裡不斷地輟學、逃學，幸運的是，他懂事了，意識到自己不想要過這樣的觸法人生，經過深思熟慮及警察的幫忙，辭掉工作，到補習班重拾課本，意外的是他只花了半年的時間就考上了警察特考，22歲當上警察。現在的他正從事少年工作，每次看到他充滿自信的樣子，相信他一定可以成為很好的少年工作者，因為他親身經歷了那些不甘寂寞、放蕩的日子。從元浩的案例中，讓我更加堅信我們為少年所做的每一件事都是有意義和重要的，可能在某一刻就能讓少年重返正常生活，這正是我們工作的價值所在！

安全叮嚀

一、進入青春期之後，青少年重要的轉變就是逐漸脫離父母而獨立，與同儕相處的時間增加，而與父母相處的時間逐漸減少，因而同儕的影響力增加，父母的影響力逐漸減少，對朋友的依賴增加，友誼是他們所在乎的。

二、青少年時期的友誼強調互相信任、情感依賴。朋友在一起會分享個人想法，當不能彼此分享時，會造成壓力和沮喪，所以家長必須多注意孩子與同儕的互動關係，利用孩子回家的時候，請他們分享在學校的情形，如果孩子有些抗拒，也可以透過學校導師來了解孩子在學校的情況。

三、青春期的朋友會因共同的興趣或才能，組成所謂的同儕團體；靠著彼此互相幫助、分享生活來維持彼此的情誼，具有強烈的凝聚力。但若是在學校內受到挫折或成績欠佳、缺乏成就感的青少年，會找尋具有次文化的同儕團體加入，在次文化團體中找到自我存在的意義及認同、歸屬感，開始產生偏差行為。

四、家長要多留意青春期的孩子變化，若發現孩子交友複雜，經常無法說明清楚社交活動，或是生活習慣突然改變，常有晚歸、外宿，且交代不清楚行蹤；或是觀察孩子的臉書或ＩＧ，發現有疑似與人衝突之話題；發現攜帶危險物品、防身器具

（如電擊棒、信號彈、皮帶刀等），有可能是涉及暴力或聚眾鬥毆事件。此時父母應該多傾聽孩子的想法，並適時教導正確的是非判斷能力，提升自我保護觀念。

五、青少年最喜歡和朋友一起，大家互相支持、相挺，加上因為在乎朋友，且衝動控制力不佳，往往容易為了朋友形成不當的支持及聚集，甚至引發衝突，演變成聚眾鬥毆事件。除了構成傷害罪之外，還有聚眾鬥毆罪；青少年也常誤以為一定要出手才算是構成傷害罪，實際上就算是沒有參加打鬥，只在一旁吶喊助陣，如果沒有正當防衛情事，也必須處三年以下有期徒刑。

六、青少年容易在血氣方剛時期，因為一時衝動與他人有言語上的爭執，進而引發暴力事件，甚至透過網路通訊軟體糾眾滋事，雙方一言不合形成聚眾傷害事件，所以請青少年凡事三思，暴力無法解決事情，千萬別因一時衝動惹禍上身。生氣時不妨找個信任的大人談談，各地的少年輔導委員會、少年警察隊和張老師基金會等，都是可以聊聊天、諮詢及求助的機構，相信一定會找到比暴力更好的解決方式。

七、家長與青少年在互動時常常衝突的引爆點，往往是家長容易把焦點放在孩子的學習表現上。其實和青少年互動，可以多將重心放在溝通興趣、分享工作趣事或友伴上，相信孩子比較容易感受到父母的關心，也能緩解孩子青春期莫名的憂鬱與壓力。

八、家長面對青少年，總會不知不覺地忘記他們已經長大了，對孩子有許多的依賴及控制。懇請家長做好心理準備，適時放手，給予孩子適度的私人空間，有時也可以利用親手寫的小卡片進行溝通或互動，相信孩子絕對能感受到家長的愛與關懷。

Case
5

青蘋果的滋味

你（妳）情竇初開的年齡是什麼時候呢？每個人或許都不一樣，但現在的孩子因為資訊發達，每個人轉變成熟的機會特別快，跟我們 X 年代的人真的已經完全不一樣了。

這一天，大家打趣著好久沒有打牙祭了，下班後打算一起去聚聚餐，放鬆一下忙碌已久的生活。正和大夥兒找餐廳的時候，局裡電話響了起來，接到有個孩子家長要提告性侵的案子，我只好立刻前往一站式醫院（將驗傷及筆錄流程整合在醫療院所一起完成）去接案。

到達醫院的溫馨室之後，就看到一個嬌小的女孩正坐在角落一臉惶恐無奈，媽媽在一旁怒氣沖沖，大聲咆哮著她的女兒：

「妳給我說，到底那個男的對妳做了什麼？妳怎麼那麼笨？到現在還在維護他。」看著媽媽怒氣未消，也擔心驚嚇到孩子，我趕快安撫媽媽。

「媽媽，請先別生氣，先坐下來，慢慢的說，或是因為社工也在場，您也可以先在外面稍作休息，讓我們跟您女兒談談。」

「不必了，我一定要告那個男生性侵我女兒。他太過分了，把我女兒騙得團團轉。」看媽媽如此生氣，我只好請媽媽坐在一旁，讓我們可以開始進行工作。

女孩瑟縮在角落，她今年才15歲國中二年級。我輕聲細語的跟她說，「不要害怕，可以告訴警察姐姐妳發生什麼事了嗎？」我盡量讓女孩的情緒平復下來，也請媽媽讓我好好詢問孩子，不要再責備孩子了。我給了女孩一杯溫熱的牛奶，慢慢問她：

「剛才醫生給妳驗過傷，妳已經發生過性行為了，可以告訴姐姐經過的情形嗎？」

「我們一開始只是同學，常常一起做功課，下課也會一起玩，就是感情很好的同學。」女孩臉上一臉無奈。

「是，你們本來是好同學，後來又發生什麼事？」我慢慢的引導她。

「有一天，我們去他家裡，一起看電視、上網玩遊戲，後來他就越來越靠近我，然後就發生了。」

「是自然發生的，也是妳願意的嗎？」有意願的發生性行為，與被強迫或在不願意的情況下發生是完全不同的，所以必須了解雙方的內心意願。

「我們後來感情很好，大家也都知道我們是男女朋友，男女朋友最後不都會發生那件事嗎？所以我也覺得沒什麼。」這時候媽媽忍不住大聲的說，「什麼沒什麼，妳平白給人家，如果懷孕了怎麼辦？被人家欺負了還不知道，我一定要告那個男生。」媽媽仍是憤怒難消，女孩聽到媽媽這席話委屈地流下眼淚。

這個女孩只有15歲，對方男同學也是15歲，都尚未滿16歲，未達到法定的性自主年齡16歲。看來是兩小無猜的愛，這樣的感情在青春期的孩子心中既正常卻也為難。兩個互相欣賞的小情侶，因為發生性行為，被女孩媽媽無意中發現手機裡的祕密，在盛怒之下告到警局，畢竟自己的女兒還小，認為她的身體被男生欺侮了，當然是男生的錯，但真的是這樣嗎？再聽聽男生這方怎麼說。

詢／問／過／程

因為女孩未成年，媽媽是她的監護人。作為監護人堅持提告，所以我們通知了男孩及其家長到隊上來做筆錄。

這天男孩的媽媽帶著有點靦腆的兒子，進到偵詢室時，媽媽很擔心不知自己的孩子闖了什麼禍。我請他們先坐下，準備跟他們談話，

「那天你女朋友說，你們發生了關係，你知道在這個年齡，你們是不被允許做這件事的嗎？」

男孩頭低低的好像不想回答這個問題，倒是媽媽說話了：

「警官，我兒子平常很乖，功課也不錯，他們交往我們是知道的，但我兒子不會欺侮對方的，一定是哪裡誤會了，我們可以跟對方家長說明清楚嗎？」

「好的，但讓我再問一下你兒子好嗎？可以告訴我那天發生的事，是你們彼此願意的嗎？」

「應該是啊！那天就在我們家裡，打完遊戲都已經12點多了，因為我們很喜歡對方，她是我女朋友就在一起了，警察姐姐這有什麼不對嗎？」孩子一臉懷疑與害怕，不知道自己到底闖了什麼禍。我了解孩子的心情，也知道他是一個不錯的孩子，只是在情感上不知如何處理。

「警官，我的兒子有錯嗎？或者我們可以用什麼方法來解決這件事？不要讓這件事影響了我兒子的學習與生活。」媽媽在旁很擔心自己的兒子會不會有事，我向媽媽說明：

「因為女孩的媽媽，認為她女兒還未成年且未滿16歲，所以堅持要提告，告你兒子性侵害，所以才要請您們來說明。」我用比較簡單的口吻向媽媽說明。

「但我兒子沒有性侵她啊，他們是男女朋友，對方也沒有不願意，這樣怎麼可以說是性侵呢？說不定我兒子也是受害者啊？」媽媽顯得很憂心，擔心兒子會受到司法的制裁。

「媽媽請先別著急。是的，兩人或許是兩小無猜，但在法律上，未滿16歲就是沒有性自主權和任何人發生性行為，都可能會觸犯法律。現在女孩的媽媽要提告，也是基於保護女兒的立場。」

「那我兒子呢？我兒子也未滿16歲，也該受到保護，那我也要提告。」

男孩此時不再急著解釋自己的行為，但仍低頭不語；他更想知道的是，為什麼只是與自己喜歡的女孩發生超越友誼的行為，就成了眾矢之的。他們到底傷害了誰？又做錯了什麼？

這就是我常見的兩小無猜但雙方家長互相提告的案件。兩個孩子彼此相愛，但雙方家長卻互不相讓，都覺得是對方欺侮了自己的孩子，都是在為了自己的孩子據理力爭。往往可看到孩子在一旁一臉無助，看著雙方母親堅持提告的模樣，孩子只希望可以不要停止爭吵了。他們明明就是感情很好的小情侶，不明白為什麼法律這樣規定。

• • •

法律上規定，性自主的年齡是16歲，意味著滿16歲發生性行為才是法律上允許的；如果未滿16歲就發生性行為，可能因為心智尚未成熟，會對身心造成很大的影響。再者，因為孩子還小，防護措施有可能做得不甚完整，女孩甚至有懷孕的風險。如此有極大可能為雙方帶來不可預測的危害，所以若在未滿16歲就發生性行為，待家長知悉後，通常會帶著女兒上警局提告，告男孩性侵。一般家長都會認為，女兒總是受害的一方，肯定是男孩用欺騙的手段誘騙自己的女兒上床，無法如何都不肯原諒對方。

當男孩的家長到場後，有的家長會理解並且道歉，希望能賠償女方精神上的損失，並為孩子尋求最好的方法，讓孩子可以繼續求學，不影響孩子的生活，我想這樣是比較好的結果。

可有一種很令人難過的情形是，女孩懷孕了，這在處理上就會很棘手。女孩才15歲，對她未來的人生影響實在太大，所以父母往往都會希望女孩墮胎，這對女孩所造成的身心傷害是非常嚴重的。當女孩躺在手術室時，真的很難想像她內心承受了多少的痛苦和煎熬；為了墮胎第一次上手術台，爸媽又是責備痛斥居多，沒有人支持，沒有人了解她內心在想些什麼？她真的不知道為什麼會發生這些事？她才15歲就要承受大人都不一定能承受的痛和苦，到底是哪裡錯了？

「沒關係，妳不要害怕，姐姐和醫生、護理師都在這裡陪妳，只要一下下就好了，不會痛的，妳別擔心，等一下睡一覺，醒來就好了。」我先處理女孩的心情，握著她的手，告訴她會沒事的，這時候她需要的就是陪伴、安慰與理解。

未滿16歲發生性行為，原是兩小無猜的情感，但嘗了青蘋果的滋味後卻成了酸與澀。這條法律是告訴乃論罪，雙方都有權利提告，所以經常演變成兩方家長互不相讓的提告場面。對孩子而言，或許補償不了什麼？孩子需要的不是法律程序，也不是賠償的金額，那麼孩子到底需要什麼呢？

孩子需要的是關心與教導，現在因為營養好，資訊發達，孩子比父母年輕時更為早熟；以前女孩的初經年齡大約在國中階段，但現在已經往下調整了，國小五、六年級就來初經了，意味著小學六年級就有可能懷孕，這是父母不能不重視的問題。學校教的性知識與父母所教的並不一樣，可是在小學高年級及國中情竇初開的階段，最重要的就是注意孩子的情感教育，如果這時候，他們能得到正確的情感及性知識教育，就不會輕易的犯錯，造成不可抹滅的傷痛。

兩小無猜的性愛，是告訴乃論的罪責，雖然最後在少年法庭的審理之下，大多是雙方合解，但問題仍然存在，未來這兩個孩子要怎麼走，他們人生的路更是我們要關注的。

前面提到在情竇初開的階段，尤其現在網路交友迅速方便，發生兩小無猜的性行為，確實不少見，所以學校和家長應該要超前部署，在孩子更小的時候就教導「愛情是怎麼回事？」當你碰到一個喜歡的人的時候，應該以什麼心情去看待，可以一起做些什麼共同喜歡的事？不能一起做什麼事？如果對方要求做不能做的事時，該怎麼拒絕？這些問題，在小學五年級以後就要開始談。也許家長認為這些很難啟口，但如果不談，等將來發生事情後再責備孩子也於事無補。其實孩子或許是無辜的，畢竟感情是真的，他們只是不知道應該如何避免兩小無猜的愛所可能帶來的傷害罷了！

另外在社區或親職講座宣講時，我常會提醒家長，女兒的性知識父親可以多談一些，因為父親是男人，可以就自己的親身經驗，讓女兒知道青春期的男生是怎麼想的，喜歡一個女孩子時會有什麼行為表現，以及男生應如何對待女生才是尊重女生？父親還可以提醒女兒，當男孩子開始做什麼動作的時候就得小心了，何時離開比較好？父親知道男生身體的特徵與荷爾蒙反應，男生帶女孩去什麼地方時，有可能發生性行為？這些知識可以讓女兒在面對關鍵時刻，保護自己，不受到感情的傷害。

常有人說，女兒和父親的感情最好，父親也最疼女兒，像是上輩子的情人，父親和女兒談感情與性知識應是最恰當的。很多父親在女兒出嫁的時候都會捨不得地掉眼淚，因此父親自小就應該好好地教導女兒如何保護自己，千萬不要讓女兒在很小的時候就被男孩傷害眼淚。

至於家中有兒子的家長，更要及早告訴孩子，有些事是不可輕易嘗試的，如果嘗試了將會面臨什麼樣的法律過程。再者，要告誡兒子，國中女生就有可能懷孕，假設你讓女生懷孕了，你就會成為小爸爸，這對國中生而言，將是不可承受的重。

家長如果能很認真地跟自己的兒女談情竇初開，是身為女人或男人的第一步。如何好好走這一步，對他（她）未來的人生影響很大，並且讓孩子明白，碰到任何感情問題，爸媽都是他們最好的諮詢對象，不要從網路上找答案。在國小五、六年級女兒初經開始，必須時時關心孩子；當孩子心神不寧、近來特別愛漂亮，或假日常外出的時候，就要關心孩子常常問：

「最近是不是有好事發生？看你特別的開心。」

用幽默的口吻去詢問孩子的交友狀況，適時提醒、關心孩子，在孩子即將走錯路的時候，或許他們會記起父母時時的叮嚀。對於孩子的感情問題，也一定要超前部署，才能讓我們的孩子免受兩小無猜青蘋果的傷害。如果因為兩小無猜的愛使女生懷孕了，通常都會選擇墮胎，那麼對女孩的一生會造成無法彌補的創傷，甚至影響她日後的婚姻幸福，我們的孩子已經越來越少了，每一個孩子都是我們的寶貝，好好的保護他們，這是我們每一個人的責任。

安全叮嚀

一、情竇初開，男女雙方見面時會臉紅心跳，會在通訊軟體上聊一整天，會緊盯著手機的訊息，會為他歡喜為他憂，牽動日常的喜怒哀樂。當父母或老師發現孩子經常心神不寧，有戀愛跡象時，不要立即阻止或責備，而是開始跟孩子談論感情，拿實際發生的例子來討論，讓孩子知道父母是基於保護的立場給予意見，然後可邀請對方至家中和父母親認識，拉近與孩子的距離。

二、提醒孩子不要單獨去對方或自己家中，很多性侵害案件都是在家中發生的，單獨在家中相處，容易陷入無法自拔的情景。

三、盡量讓孩子明白，未滿16歲的感情可以溫暖彼此，卻也可能瞬間變成寒冬，以互相鼓勵、互相關懷，取代單獨約會，並且多了解孩子的想法。國中兩小無猜的感情可能讓自己變得更好；但相對的，若用情過深，超越了身體的界線，就會帶來危險，務必注意安全。

四、超前部署性教育，超前防禦性衝動。單純談感情沒有誰對誰錯，但偷嘗青蘋果就像夏娃受了蛇的誘惑吃下智慧果一樣，將留下難以恢復的痛苦。

五、兩性交往「循序漸進」的六個過程：

1. **團體活動**。
2. **團體約會**。
3. **單獨約會**（社交性約會）。
4. **固定對象**（戀愛）。
5. **結婚**。
6. **親密行為**。

六、重視青少年「情感教育」，教導青少年如何由普通朋友進入男女朋友關係。成為男女朋友的四個判斷準則：

1. **彼此信任**：懷疑與猜忌是兩性關係的兩大殺傷力，「信任」是維持兩性關係的基礎。
2. **無條件接納**：愛上一個人，不只是接納對方的優點，其缺點也要一併承受。
3. **有效溝通**：穩定的兩性關係，溝通要達到「分享情感」及「自我表露」，分享彼此的思考、信念、價值觀、希望與夢想。
4. **平衡關係**：朋友間的友誼與情侶間的愛情發展同樣重要。

七、不想發生性行為時，該如何拒絕？

1. **訂親密界線：**訂定雙方親密界線，相互尊重。
2. **控制性衝動：**懂得如何控制性衝動，避免性刺激，避免夜歸。
3. **留意特別時刻：**謹慎處理容易發生性行為的時機，如重要節期：情人節、聖誕節等有意義的節日。
4. **避開危險地方：**避免容易發生性行為的地點：車內、隱密的地點、住家等，要避免兩人獨處一室。
5. **走出性的迷思：**「我不會這麼倒楣，一次就中獎」或「用保險套就一定保險」。
6. **放慢進展：**增加彼此認識，放慢肢體親密進展。
7. **明確拒絕：**用字明確，態度堅定，口氣、肢體動作一致。

Case 6

妳的身體不是妳的身體

寧兒是高一學生，家境不錯，爸媽也擁有不錯的社經地位，可謂是中上階層的家庭。儘管爸媽每個月都會給寧兒足夠的零用錢，但她近來迷上cosplay角色扮演的遊戲，也因此認識靜如，兩人常在一起買服裝、配件等。無奈支出金額太過龐大，為了滿足自己的欲望，她登入許多社群網站，看見一些訊息：

「妳覺得無聊嗎？要不要出來玩玩？」

「妳缺不缺錢？有個賺很多錢的方法，妳要不要試試看？」

「妳在家做什麼啊？有沒有什麼想買的東西？我可以買給妳喔，只要妳陪我出來玩。」

「妳開價多少？我可以付給妳。」

寧兒仔細看了許許多多來自四面八方的訊息，有點心動，問了在網路上做援交已久的靜如：

「妳有很多人約嗎？妳都會跟他們出去，是要做什麼呢？」寧兒知道靜如有在做援交，好像因此賺很多錢，她曾經問過靜如：

「靜如，妳為什麼要賺那麼多錢？是買自己想要的東西嗎？」

「沒有啊，我也不常買名牌，我賺錢多半是要給我男朋友花用。」寧兒不太相信，靜如做援交竟然是為了要給男朋友錢！

「妳才16歲，而妳男朋友已經19歲了，為什麼還要妳賺錢給他用啊？他不會自己去工作賺錢嗎？」

「我男朋友賺錢太慢了啦，我賺錢容易，可以供給我男朋友，這樣他就可以不用出去工作，在家裡陪我就行了。」靜如對於能賺錢給男朋友花用這件事，認為是一件很正常的事。因為只要她賺錢，男朋友就會聽她的，也能留住男朋友。

寧兒雖然對靜如賺錢給男友花這件事情有點不以為然，但也佩服靜如能賺那麼多錢，想跟著她一起做做看。

「靜如，我在網站上也有很多人約我，妳都怎麼挑選人的呢？」寧兒從未做過這件事情，對許多事情不太明白，也不知會不會受害被騙；靜如就不同了，很有經驗，才想問問靜如該怎麼做。

「其實網路上有很多人都在做，但看照片不太準確，因為有時候來的人根本不是照片上的本人。妳有興趣嗎？」靜如問寧兒想做的原因是什麼。

「爸媽雖然有給我零用錢，但我還需要更多的錢買 cosplay 的東西，所以只好來看看這個，是否可以嘗試做做看？」

cosplay 是時下年輕人很喜歡的一種活動，他們會在約定的時間內或舉辦的各式活動中，扮演自己喜歡的動漫角色供攝影師拍照。如此一來，他們會覺得很有成就感，也滿足了自己角色扮演外拍的渴望。

「我有幾個認識的朋友，經由他們介紹應該比較安全，價錢也會比較好，如果我有機會再介紹給妳。」靜如知道門路，現在每個月都賺好幾萬元。除了自己花用外，大部分都給了男朋友。

寧兒雖然不認同此舉，但對靜如每月可以賺五萬元以上，覺得非常心動，想躍躍欲試此賺錢方法。

寧兒有此打算後，開始在自己的IG上po更撩人的照片，介紹自己的文字也越發情色，她寫著：

「清新氣質學生妹，可口清純，無風塵味女孩，初次進場，緊實水多……」寧兒想試試自己的魅力如何，沒想到才一po出，邀約不斷地湧進來，很多人甚至明白地表示願意給予更高的酬勞。

寧兒因第一次較害怕，就先介紹給靜如：

「靜如姐，我這裡有一個客人願意出很高的價錢約我出去，但是我不敢，不然介紹給妳好了。」

「妳不去嗎？未成年價錢都比較高。很多客人都喜歡未成年的，要不然妳去試看看？」靜如還是鼓勵寧兒自己試試看。

「這次妳先去，下次我再想一下要提供什麼服務好了。」

「那好吧！不過因為客人是妳介紹的，所以我會給妳介紹費喔。」靜如很大方的說。確實，因為寧兒才15歲，對很多男人來説，可謂充滿誘惑吸引力。

靜如依約和寧兒的客人交易，賺了1萬5千元，她給了寧兒3千元的介紹費，寧兒看靜如果然因為她的介紹大賺一筆，更證實了性交易這件事，若以她的年紀絕對能賺進更多的錢。只是她對性仍有猶豫，不敢真正和男生交易。

寧兒還是持續跟著靜如cosplay，扮演成自己喜歡的角色，並且到攝影棚內供攝影師拍照。雖然靜如都會贊助寧兒一點錢，給寧兒買角色的衣服及配件，但因為金額不大，寧兒只能買些副廠的東西。產品不像靜如買的正品那般漂亮與酷炫，她的內心很是羨慕，很想有一天可以像靜如這般，打扮得如此美麗供人拍照，讓現場觀眾崇拜，也讓自己開心，有被人看見和備受重視的感覺，獲得讚賞的時候亦可以感到飄飄然的快樂！

・・・

後來靜如開始找機會幫寧兒介紹客人。因為是靜如挑選過的客人，所以寧兒比較放心。但寧兒還是不願意做全套，只做半套；即便如此，靜如仍介紹許多客人給寧兒，寧兒開始賺錢了。她體會到賺快錢的樂趣，現在她去參加棚拍，身上的行頭再也不會讓輸給別人了。寧兒心想，原來賺錢也不是太困難！

慢慢地，寧兒覺得，既然好友靜如可以利用這方式賺錢，而且錢還可能多出一倍，那麼以她自己15歲的年紀，價錢恐怕只會更高。在網路上慢慢接觸之後，寧兒覺得她可以開始自己接案子，不用透過靜如了，這樣就無需給靜如介紹費，可以全部賺進自己的兜裡。寧兒已經完全陷入金錢的風暴之中，更愛上金錢帶給她的種種購物的滿足。

從此以後，寧兒自己接客人，做得比靜如還多，價錢也比靜如還要高。最令她開心的是，爸媽完全沒發現她的奇怪行為。只是她經常去cosplay，媽媽見她房裡多了很多道具及衣服，感到意外：

「寧兒，妳房間怎麼會有那麼多東西，是妳買的嗎？妳怎麼有這麼多錢？」媽媽完全搞不清楚女兒到底在做什麼。

「現在很流行cosplay，很多年輕人都喜歡參加，很好玩也很有趣。」寧兒心不在焉的回答媽媽。

「我是問妳怎麼會有錢買那麼多東西，我每個月給妳的零用錢，妳都花在這上面嗎？」

「我又沒多要妳的錢。妳不要一直唸可以嗎？」寧兒不耐煩媽媽老是嘮叨。

「我就怕妳做錯事，被別人騙了。」

「我又不是笨蛋，誰騙得了我，妳不要瞎操心啦。」說完寧兒就逕自跑出門了。

• • •

這天寧兒在網路上遇到一個人，他想約寧兒出去，正在談價錢時，一得知寧兒只有15歲，便告訴她想要出更高的價錢約她出去。寧兒覺得自己很有本錢，絕對可以越賺越多，價錢也能夠越來越高。然而這次，她遇到的是一個很奇怪的人，看起來跟以前的男生不太一樣，但她還是依約做完了。

「妳最近怎麼很少找我聊天？很忙嗎？」靜如最近比較少接到寧兒的訊息，心想寧兒的客人是不是已經比自己多了？

「靜如，那天碰到一個客人，動作很奇怪，老是要從後面進入，長相看上去也跟一般男人不一樣，妳知道是怎麼回事嗎？」寧兒把那天覺得奇怪的情形告訴靜如，靜如做得比她久，或許清楚。

靜如聽了寧兒的描述，大致猜到寧兒碰到什麼事了，有些人願意花大錢找少年或少女，是因為他們會覺得少年或少女較乾淨、單純。

援交是條不歸路，一旦走上了，礙於對金錢的需要以及失去對身體的保護觀念，想要再回頭恐怕難上加難了。

詢／問／過／程

警察在網路巡邏時發現了寧兒，經過長時間在網路埋伏及偵查作為，終於找到她。做完寧兒的詢問筆錄之後，我看到寧兒一副無所謂的樣子，絲毫沒有感覺自己的行為有任何不當。她認為用自己的身體賺錢，根本沒有什麼大不了的。爸媽在一旁默默無語，不知該怎麼與女兒溝通，當然他們很灰心、失望，認為家裡又不是不能供應寧兒經濟所需，為什麼女兒還要去援交？

我想跟寧兒談談，於是請爸媽在另一邊稍坐。帶著寧兒進入溫馨室，待寧兒進來後，我給了她一杯果汁，還給了她一個抱枕。她原本不願意談，一直想離開，我趕緊攔住她。

「沒關係的，妳先坐一會兒，姐姐想跟妳談一談，看能不能幫妳的忙？」

「我不需要幫忙，我要走了。」寧兒真是叛逆，完全不想聽人說話，但我不放棄。

「妳給姐姐五分鐘就好，五分鐘，不會擔誤妳太久的時間。」我努力說服寧兒。

「好吧！妳有什麼事快說。」

「妳知道妳用身體賺錢，可能會有什麼後果嗎？」我試圖引導寧兒想想問題在哪裡。

「哪會有什麼後果？我又沒做什麼。」

「妳現在才15歲，還未成年，不管如何都是違反法律規定的；但先不管法律，我想問妳在不在意自己的健康？」這個問題是寧兒沒在意過的事。

「現在妳用身體賺錢，可能會影響以後妳的身體，是有可能會出現問題的。」像寧兒這樣的少女，沉迷在援交當中已久，享受金錢得來容易、多又快，所以勸她不要再做援交是無法發生效用的。我只能盡量舉一些曾發生過的例子來告訴她，當她長大後可能會有什麼後果，寧兒終於抬起頭來看了我一眼。

「我身體很好啊，才不會有問題呢。」

「我看過一個女孩子跟妳一樣，14、15歲就開始援交，後來染上了性病，長大成人之後，沒有辦法過正常人的生活。她想結婚也不敢，怕這段過去被另外一半知道，在病痛與身心疾病的煎熬之下，幾乎無法活下去。」寧兒低下了頭，這些事可能不是她現在這個年齡可以想像的。

「我才不會那麼倒楣呢！」寧兒裝作無所謂的說。

「我還看過一個長得很漂亮的女孩子，也是高一時候開始做援交；因為不小心跟有愛滋病的人援交，最後不幸被傳染，從此以後，她沒有人生了。身體已經向她做了最嚴重的抗議，她再也不能擁有健康的身體，但是再怎麼後悔也來不及了，到現在我還會去看她，但她的病非常嚴重。她常告訴我，用再多的錢也買不回健康，實在很後悔年少的時候不懂事，竟然去做援交！」我把最深沉的痛告訴寧兒，這時她的臉上突然有了驚恐的表情，我問她怎麼了？

「姐姐，之前我碰到一個很怪異的客人，我不知道他為什麼要這樣做？也沒有制止他，我會不會也得愛滋病呢？」寧兒開始覺得擔憂，我覺得有必要為她做一下檢查。

「沒關係，姐姐會幫妳安排，做愛滋病的檢查，希望一切沒事。但姐姐告訴妳，錢可以買到很多東西，就是買不回健康的身體，尤其妳還這麼年輕，人生的路還很長，妳要好好的上學，千萬不要拿自己的身體開玩笑，知道嗎？」我希望真的讓寧兒明白，援交是要付出慘痛代價的。

「姐姐，你可以盡快幫我安排檢查嗎？」

「我會的，但妳做援交，仍然是違法的，必須面對司法的過程，如果需要安置，法官那邊會衡量。」寧兒終於點了頭。

送走了寧兒及她的父母，看著他們的背影，真的覺得台灣的少女有很多人因為價值觀的偏差，喜歡與同學、朋友比較，更在物欲高漲的情況下，為了錢出賣自己的身體，加上未成年援交的市場很大，價錢很高，很容易吸引這些少女為錢冒險。被我們找到時，她們通常都已經從事很長一段時間了，要勸她們回頭著實困難，只能提醒她們：如果再繼續下去，總有一天身體會做出最大的抗議，造成永遠無法彌補的傷害。

案子到了少年法庭，法官會視少女的家庭功能進行評估。如果家庭功能完全喪失，無法保護少女，法官通常會裁定將少女安置；少女到安置機構後就會完全受到保護，經過二、三年，等她長大之後，或許就可以脫離援交的日子了。

處理完這個案子，已經夜深了，在回家的路上，抬頭看見絢麗的台北一〇一，希望寧兒的人生也能有所轉變，也能綻放出像台北一〇一如此美麗的景色。少女時期是多麼美好的一段歲月，請千萬愛惜自己，但也唯有大家一起來保護她們，我們的少女才能平安度過一段充滿誘惑、危險的青春。

一、近年來，台灣在基礎教育中積極推展女性「性自主權」及「身體自主權」的概念，教導青少年（女）何謂身體的界線及增強自我保護的觀念，以降低性侵害及性騷擾事件發生。唯有極少數的青少年（女）誤解「性自主權」及「身體自主權」的意義，認為只要是在自願的情形下，就可以毫無限制地用身體來交換財物或報酬，自主權的意義被徹底扭曲，這也成為衛道人士攻擊的一環。青少年的身體尚未發育完成，心智尚未完全成熟，仍需要被保護，以免導致無法彌補的遺憾。

二、網路援交通常是經由網路聯繫和交涉後，以發生性關係來交換金錢或物品，這種行為通常併合著多種犯罪型態，例如：若與未成年人合意發生性行為則違反《兒少性剝削防制法》；若於性交易結束後未依約交付財物則可能構成詐欺罪或於性交易時當事人反悔卻仍執意發生性行為則可能構成妨害性自主罪，不能不謹慎應對之。

三、網路援交也可能發生「假援交、真詐財」情形，詐騙手法如下：

1. **詢問援交客所在地：**詢問這個問題主要是為了讓援交客認為「可能成交」，而「假援交妹」一定會在援交客附近，大約二十分鐘以內的車程距離。

2. **強調是學生兼差**：一方面要讓援交客認為是「真援交」，而不是詐騙集團的應召站，另一方面要為後續的「ATM辨識軍警身分」詐欺手法鋪路。

3. **指引操作ATM**：以確認身分的方式要求操作ATM驗證是否為警察身分，一旦照著詐騙集團的指示操作過程，錢可能就轉到詐騙集團的帳戶中，卻見不到援交妹。更有甚者，一旦援交客拒絕操作ATM，詐欺集團發現無法完成詐騙後，即改以黑道口氣恐嚇，造成民眾心理壓力。

四、網路援交常見的危機如下：

1. 可能是感染愛滋病及性病的高危險群。
2. 援交時遭受暴力對待。
3. 援交後無法依約取得財物。
4. 背負援交的黑歷史，影響日後感情生活。
5. 由奢入儉難，價值觀嚴重偏差。
6. 未婚懷孕及單親媽媽的可能性大幅提升。

Case 7

小心，「色」影師

玲玲是名高職學生，天資聰穎，長得漂亮美麗。爸媽離婚後，家中三個孩子都靠媽媽賺錢供給。玲玲是大姐，看到媽媽早出晚歸地做生意，非常辛苦。升上高中後她希望可以邊上學邊打工，賺錢貼補家用，分擔媽媽的辛勞。

但玲玲不知打什麼工才可以多賺一點錢。有天，在學校和幾個同學聊天時談到，可以當外拍摸特兒。玲玲想了解，究竟什麼樣的條件才能成為模特兒；聽說同學小文也在從事外拍模特兒的工作，於是她開口問問小文。小文分享自己的經驗給玲玲：

「妳可以先上IG po自己的照片，要po拍得比較漂亮的喔。」小文開心的說著。

「IG裡不是已經經常上傳我們的照片了嗎？」玲玲不明白照片應該要拍攝成什麼樣子。

「當然要和我們遊玩的照片不一樣啊，比較像是個人專輯，要把妳漂亮的一面盡量拍出來，讓人喜歡看，最好要有自己的特色。」小文不斷地向玲玲解釋。

「所以我得花心思想想如何展現自己的特色，拍出美美的照片放到IG上嗎？」

「是啊！然後如果有人喜歡妳的照片，就會找妳，妳就有機會當外拍摸特兒了。」

「小文，妳現在已經是模特兒了嗎？」玲玲想小文那麼有經驗，應該已經是了吧！沒想到小文回答：

「我又沒妳漂亮，還沒人找我啦！」小文沒好氣的說。

玲玲覺得這是一個打工賺錢的方法，就開始積極打扮自己，挑選適合自己的衣服；有時候自拍，有時候請同學幫忙拍，再上傳到ＩＧ。每張照片都拍得美美的，玲玲自己也很開心。這天和小文又聊起這件事。

「小文，我已經上傳好幾天美照了，看的人還蠻多的，可是沒有人跟我聯絡啊？」玲玲好像有點心急，希望趕快有外拍模特兒的機會，可以開始賺錢。

「再等等看，有人覺得妳不錯就會來找妳了。」

過了幾天，玲玲的ＩＧ上終於有人留言了，是廣告公司物色人選而找上她，表示想約玲玲出去外拍，試試看效果如何？玲玲心中暗自高興，終於有廣告公司發現她了，她可以成為一名模特兒了。廣告公司說拍平面廣告都是論件計酬的，如果被錄取，一件case約是3千元。玲玲對3千元這酬勞很滿意，很快就答應廣告公司前去試拍。廣告公司選了一個景點來拍攝玲玲的照片，過程很順利，玲玲也拿到了酬金3千元。這是玲玲第一次賺到錢，還是她喜歡的模特兒工作，加上錢又多，讓玲玲更佳勤快地在ＩＧ上po美照。之後，陸陸續續也有幾家媒體廣告公司來找玲玲外拍，玲玲錢越賺越多，漸漸地愛上了當模特兒賺錢的感覺。當她把賺來的錢拿給媽媽貼補家用時，媽媽覺得奇怪，問玲玲在打什麼工，怎會有這麼多錢？

「玲玲，妳在打什麼工啊？怎麼會有這麼多錢？現在外面打工也有很多騙人的，妳不要被騙了。」媽媽提醒玲玲要注意打工的危險。

「媽媽，您放心啦，我在當外拍模特兒，幫一些廣告公司拍平面廣告，按件計酬。我打工賺錢，也可以多少幫幫家裡。」媽媽聽了很感動，覺得女兒長大了，懂得媽媽的辛苦了，但還是提醒要玲玲小心，千萬別受騙上當。

・・・

有一天，有個攝影師跟玲玲聯絡：

「我看過妳很多的照片，覺得妳真的長得很漂亮，身材比例也很完美，是當模特兒的料，但是妳要經常出來拍照，才會越來越紅，收入也會變高。」玲玲被他說得有點飄飄然。

「是嗎？我真的可以賺更多的錢？」玲玲一心一意做著當模特兒的美夢，也想因此賺更多的錢幫助媽媽。

「當然可以，妳符合所有當模特兒的條件，只要常常出來接拍攝工作，妳一定會紅的。」攝影師繼續說服玲玲：

「而且我看好妳，妳如果願意出來拍一組較能展示身材的寫真照，現在市場有這樣的需求，你會紅的比較快。我是一個非常有經驗的專業攝影師，已經拍過很多人了，且她們都很滿意我的作品，也都紅了，所以妳絕對可以相信我的技術，一定可以把妳拍得很美。」玲玲聽到攝影師保證會把她拍得很美，心動了。

「那拍這種寫真照片，待遇多少呢？」玲玲想要問一下報酬再決定。

「通常順利拍完一組是1萬5千元，應該比妳以前的酬勞都還要多吧？」玲玲一聽有1萬5千元，簡直樂翻天了。但心裡還是有點猶豫，就跟攝影師說希望能考慮一下，也跟攝影師約好明天再通電話。玲玲回家後，打了電話給小文，想聽聽她的意見。小文一聽便說：

「有攝影師看上妳的身材，要幫妳拍寫真集，又可以賺這麼多錢，妳不是想幫媽媽嗎？這麼好的機會，我還沒有呢！」因著小文的慫恿，玲玲想著可以給媽媽更多的家用，就決定要接這個工作機會。

隔天，攝影師果然又打電話給玲玲，玲玲很爽快地答應之後，攝影師就跟玲玲約在 motel 拍照。玲玲覺得奇怪，問攝影師為什麼要約在 motel 拍照呢？

「因為 motel 有泳池、有燈光效果，還有浴缸等，設備非常好，很適合取景拍照。」攝影師解釋給玲玲知道為何要去 motel 的原因。玲玲聽了也覺得很有道理，不疑有他，就依照約定的時間和地點到達 motel 的房間，攝影師已在房間內等她了。玲玲第一次走進 motel 心中有點膽怯，但既然已經來了，又可以賺很多錢，就姑且照攝影師的指示做吧！

「妳可以先洗個澡，放鬆一下。」玲玲感覺有點怪怪的，怎麼拍照還要先洗澡？

「可以不用嗎？直接拍就可以了，我不習慣在外面洗澡。」玲玲不想洗澡，想要直接拍照，但是攝影師一直勸說：

「洗完澡之後，整個身體會放鬆，妳也不會那麼緊張，拍出來的表情會更好看，妳先試一下，且這房間有很大的浴缸，妳可以泡一下澡。」玲玲想好像真的是這樣呢，就進浴室洗澡去了。當她把衣服脫下來的時候，還留意了一下攝影師在哪裡，看他在準備器材，這才放心地洗澡。

可是正當玲玲洗澡的時候，她聽到咔咔咔的聲音，覺得有異，轉頭看門外，發現攝影師竟然在偷拍她，玲玲跟攝影師抗議：

「你為什麼要偷拍我洗澡？可以不要這樣嗎？這應該不是我今天的工作內容吧？」

攝影師解釋說：

「因為我發現妳身材的線條很美，拍起來真的很好看，就順便幫妳拍一下。但妳放心，照片沖洗好的時候會讓妳挑選，不會隨便給別人看的。妳放心洗澡，洗完我們就準備拍攝了。」玲玲雖然生氣但沒辦法，只好聽攝影師的話繼續工作。

當玲玲洗好澡出來時，只圍上一條浴巾，本想穿上衣服，結果攝影師說，這組照片是寫真清涼照，所以先不要穿上衣服，「妳先躺在床上，我幫妳擺好姿勢。」玲玲聽了攝影師的話躺在床上，心裡很害怕，這是她第一次在男生面前沒有穿衣服，擔心之後拍照是不是都要這樣。不過她還是相信攝影師的技術，這下子她應該就會紅了，可以為家裡賺進更多的錢，可以讓弟弟和妹妹好好讀書了。

這時攝影師把他自己的上衣脫了，裸露出上半身；玲玲看了好不害羞，攝影師解釋這是要營造氣氛，好讓玲玲顯出嬌羞的表情，接著便到床上幫玲玲擺姿勢，還把披在她身上的浴巾往下拉了一點，擺好之後就拍下了第一張照片。攝影師說這是他拍過最美的身材了。

「玲玲，妳的身材很好，長得又漂亮，等到我拍完這組照片，妳一定會紅的。」攝影師一步一步地讓玲玲感到放心，接下來攝影師要玲玲拍攝的尺度更大了，幾乎只遮住重要部位，攝影師這時再度幫玲玲調整姿勢，並要求玲玲擺出性感姿勢。此時攝影師竟用手去碰觸玲玲私密的部位，玲玲一陣驚呼，大聲說：

「你幹什麼啊？為什麼要碰我？」這時玲玲發現攝影師竟然開始將自己的褲子脫掉：

「妳不用擔心，我也一樣脫給你看，表示我也不介意讓妳看，身體就是一個美的藝術，我們都很愛我們的身體，專業的模特兒都會這樣做。」攝影師脫光衣服之後走向床邊幫玲玲擺 pose，並用手碰觸玲玲，慢慢的開始撫摸玲玲身體，玲玲一直反抗大喊：

「你在幹什麼？我不要拍了。」玲玲這時非常害怕，很想逃走，但已經來不及了，攝影師馬上壓制住玲玲的身體，令玲玲無法逃脫，只得痛苦地大哭。攝影師性侵了玲玲。

事後攝影師還告訴她，「現在妳拍出來的照片可是真的充滿女人味了」，於是逼迫玲玲拍攝裸露性感照片，玲玲實在太害怕了，只好配合攝影師完成拍照工作。

回到家中，玲玲心裡非常難過，不敢相信自己只是去拍照，竟然遇到了色狼，還被性侵。她該怎麼辦，怎麼跟媽媽交待？不只沒幫到媽媽的忙，還讓自己受到這麼大的傷害，到底該怎麼辦？玲玲只得打電話給小文，向她訴說這件事，小文聽了驚訝不已，馬上陪玲玲去報案。

詢／問／過／程

小文陪著傷心的玲玲來到警察局，我一看到兩位少女愁容滿面的樣子大概已經猜到發生什麼事情了。

「妳們好，有什麼事要姐姐為妳們服務的嗎？」我看到玲玲默默地流著眼淚，應該是受了很大的委屈和痛苦吧。我先為她們倒杯水，請她們坐下別傷心，慢慢說：

「妳們遇到什麼事了嗎？今天是誰要報案呢？」我確認一下被害人是誰。

「是我同學玲玲，她被攝影師性侵了。」玲玲依舊在旁哭泣，不知道自己怎麼會發生這件事。

「先別難過了，玲玲，這件事爸媽知道嗎？」

「我只有媽媽，爸媽離婚了，爸爸很少管我們，都是媽媽辛苦工作養我們，所以我才會想要做模特兒賺更多的錢，沒想到竟被那個可惡的攝影師騙了，現在該怎麼辦？」玲玲仍然哭個不停，我拿了一個娃娃給她抱著。娃娃對一個受傷的女孩有撫慰的作用，也有平復情緒的功能，對少女及兒童都有療癒的效用。

「玲玲，妳還未成年，所以我必須通知妳媽媽來一趟，另外也會通知社工來協助妳，妳先別激動，願不願意先説給姐姐聽，等媽媽及社工來，我們再開始正式做筆錄，好嗎？」我想趁等待媽媽及社工來的時候，先和玲玲談談，整理一下她的情緒，等一下做筆錄的時候會比較順利。

「玲玲現在感覺如何？可以説説妳現在的感受嗎？」我引導玲玲説出來，她就會好受些。

「警官姐姐，我真的只是想幫媽媽的忙，媽媽早出晚歸的很辛苦。當然我也想當模特兒，但我好生氣為什麼會碰到這種倒楣事？」玲玲開始描述事情的經過。

「我了解，當天發生什麼事了？」

「當時我很害怕，也很想逃走，但又怕如果跑走了，他會不會把我抓回來傷害我，所以在那時我只能任由他性侵我。我現在很後悔，如果當時我立刻逃走就好了。」玲玲很自責，覺得自己沒做好才會讓自己受到這麼大的傷害。

「玲玲，聽姐姐說，這不是妳的錯，不要自責，妳是個孝順的孩子，只是發生這樣的事，我們會幫妳的。等媽媽來，我們也會跟媽媽解釋清楚，妳先不要害怕擔心，好嗎？」我希望玲玲不要自責，這時如果孩子責怪自己，以後她的生活一定會受到很大的影響，復原的時間會更慢，更何況真的不是孩子的錯。

過了一會兒，媽媽和社工來了，媽媽一看到玲玲，立馬將玲玲抱在懷裡，一直說：

「都是媽媽不好，媽媽沒能力賺錢供應你們姐弟讀書，還讓妳出去打工當模特兒，才會發生這種事。若是當時妳跟我說在當模特兒，我不讓妳去就好了，玲玲，是媽媽對不起妳……。」媽媽抱著玲玲一起放聲大哭。

「碰到這種事，真的很難過，但請媽媽和玲玲都不要自責，事情總會解決的，那個『色』影師，我們一定會逮捕到他，現在我們先完成報案程序，需要花一些時間，另外，社工也會協助玲玲做必要的心理諮商輔導，既然事情已經發生了，我們就好好處理，一切都會好起來的，請妳們放心！」我跟媽媽及玲玲說明處理的程序，當她們完成，送她們離開警察局時，我再次跟她們表示，請放心交給我們處理，我們會盡力協助玲玲所需要的一切。

受理完這件案子，夜已很深了，想起玲玲為了幫助媽媽卻被性侵了，到現在我還是很心疼她，這樣一位孝順的女兒，只盼望上天能幫助她，讓她的身心靈早日恢復健康，重新拾回少女快樂的笑容！

安全叮嚀

一、打工叮嚀

打工陷阱及自我保護小妙招：「工作輕鬆，保證月領5萬元」、「應徵模特兒，只要付宣傳照費用！」這些徵人廣告是否曾讓你心動了呢？這些廣告可能都是徵才的騙人手法。以下列舉常見的陷阱及自保妙招，快快吸收，避免上當喔！

㈠ 常見陷阱

1. **假徵才真推銷**。許多公司利用招募新人的機會，行推銷產品之實，以「高薪、月收入數十萬」等誘人條件吸引學生打工。
2. **巧立名目繳交保證金**。打工面試時，資方會以「保障工作名額」為由，或假借工作性質需要，必須預先支付「保證金」及「訓練費」。
3. **需先繳交個人資料及證件**。面試時在對方的勸説下，要求先繳交個人證件及個人資料，結果可能成為人頭戶。
4. **要求簽署不合理的契約**。在勞工任用契約裡，雇主會故意隱藏對員工權益不利的字眼，在此要告訴少年們，不要隨意簽署看不懂的合約，以免吃虧。

(二) 青少年朋友應徵前請做好充分準備

1. 要事先蒐集應徵公司資訊，了解公司及工作內容。故事中，玲玲可以先蒐集攝影師的資訊，了解攝影師的背景，也可以詢問他人經驗參考。
2. 檢視欲應徵的公司是否有下列情形：連續數週或數月刊登徵人廣告、徵人廣告內容記載不合乎常情的優厚待遇，公司業務、工作內容模糊不確定（例如：標榜工作輕鬆、免經驗、可貸款。）故事中，玲玲得知薪資與她平時外拍收入的差異過大，就要多一點懷疑，提高警覺，小心受騙。
3. 確認徵人廣告內容載有公司名稱及地址、電話、聯絡人、郵政信箱、手機號碼，面試時，如果不放心，請朋友、家人陪同前往，或事先打電話告知親友欲前往面試之地點。

(三) 應徵當天請把握下列原則

1. 面試當天不繳交任何不知用途之費用。
2. 公司若請你購買商品，要求你先試用才能擔任業務工作，請你千萬不要購買公司以任何名目要求購買之有形、無形的產品。

3. 求職公司要求你當場辦理信用卡，請務必拒絕。
4. 面試時不簽署任何文件、契約。
5. 證件及信用卡隨身攜帶，不交由求職公司保管。
6. 不飲用酒類及他人提供之不明飲料、食物。
7. 不從事非法工作或於非法公司工作。故事中玲玲因為是未成年人，拍攝裸照是違反〈兒少性剝削防制法〉的。

網路的資源很多，同時危險也多，青少年朋友透過網路尋求打工求職時，一定要提高警覺，多跟同學、家長、師長們討論，可幫助青少年朋友除了有經濟收入外，也有一個健康安全的自我成長經驗。

二、網路使用叮嚀

社會快速變遷，網際網路已為人類帶來了不少便利。對於 E 世代新新人類而言，網路是學習新知最重要的方式之一。從網路上可以獲得並累積資訊，但是藉由網路散布資訊所帶來的潛在危害，及利用網路來從事犯罪行為，更將成為社會的一大隱憂。青少年常因為對法律概念認識不清，身陷危險而不自知。我們有下列一些建議，希望能協助青少年認識網路危機、遠離危險。

(一)行動上網原則

1. 使用手機時請注意手機內的行事曆、電話簿、簡訊等私人資料，保障個人隱私，謹慎設定個人密碼，以防止被竊。
2. 謹慎連結免費的WIFI，隨地按讚、打卡等可記錄位置的APP，因為這已經暴露自己現實生活中的行蹤，此外，上傳圖片時要留意是否容易暴露個人隱私。
3. 謹慎下載APP軟體，確保資料回傳。應注意APP之存取權限，注意免費的可能含有惡意軟體程式，該程式會將個人活動紀錄與資料輕易回傳到開發者手中，造成使用者很大的風險。
4. 謹慎瀏覽、注意細節，以免誤入釣魚網站（以手機瀏覽網頁時，因受限於裝置尺寸，網頁中許多細節透過設計隱藏起來）。
5. 加裝防毒軟體，亦須建立防毒的觀念，確保手機裝置不受病毒侵害。

(二) 網路危機防範守則

1. 網路交友新鮮刺激，但危機重重。勿迷惑於華麗的虛擬情境，而使自己落入陷阱、無法自拔。
2. 網友相見不要貿然赴約。即使赴約，也應特別提高警覺。最好由親友陪同前往，並了解約會行程，選擇安全的約會地點，並堅持行動自主之立場。
3. 慎選聊天室與網站，一旦發現網站上有未成年人的不雅照片請務必提高警覺，這已是觸法的行為，可以向警方提出檢舉。
4. 遵守網路基本禮節。在網路世界中仍要以誠待人，不要做出任何傷害他人的事情。
5. 網路交友家長要關心，對於子女使用網路的情形應多關心、多詢問和多了解，這樣才能對子女使用網路一事放心；同時親子之間可以約法三章，約定如何正當使用網路。把握三個原則，「不沉迷」網路而影響功課或身體健康，「不暴露」自己相貌及個人隱私資料，「不私下交往」保護自己與家人安全。

Case 8

17歲的未婚媽媽

下課鐘響，幾個女孩到福利社買冰淇淋吃，這時其中一個女孩說，她那個來了，忘記帶衛生棉，想問問其他人有沒有人帶？

「可惡，本來很想吃冰的，但現在不能了。」這時在旁邊吃著冰的小凡，突然心中一驚，思緒一下子飄向遠方，心情低落的模樣讓同學們覺得奇怪。

「小凡，妳怎麼了？怎麼一副魂不守舍的模樣，發生什麼事了？」

「沒有，沒什麼事，只是昨天做功課做太晚了。」小凡輕描淡寫地掩飾過去，但內心卻非常擔心，自己的月經已經二個多月沒來了，到底怎麼回事？

• • •

小凡是高中二年級的女生，父母都在經商，工作忙碌顯少在家。小凡是家中的獨生女，有一個同年級的男朋友，兩人已經交往一年了，彼此感情很好。這天小凡懷著忐忑不安的心走進藥局，買了支驗孕棒回家。媽媽今天在家，看見小凡回來，問說：

「吃飯沒？怎麼臉色這麼難看？哪裡不舒服嗎？」

「媽，妳今天怎麼在家？不是有應酬嗎？」

「我取消了，今天媽媽想陪妳吃飯，換個衣服我帶妳去吃飯。」媽媽一心想陪女兒吃飯，只是小凡根本沒心思，只掛心驗孕棒的事，敷衍著媽媽，想盡快進房間。

「媽咪，我在外面吃過了，我不想吃了。今天功課很多，我進房間了。」說完轉身進入房間，留下了不明就裡的媽媽。

進房之後，小凡迫不及待地拿出驗孕棒，詳閱了說明書，使用之後非常緊張地等待結果，當她再拿起驗孕棒，卻發現上面出現二條紅線，小凡驚恐的不知如何是好。當下立即打了電話給男朋友，告知他懷孕的消息。

「明博，怎麼辦？我懷孕了。」這時小凡已經哭了，卻仍僅敢低聲啜泣，生怕讓門外的媽媽知道。沒想到明博竟然說：

「怎麼可能？妳確定嗎？」明博的回答讓小凡更加痛苦。他竟然責備她，怪她怎麼會懷孕？

「現在怎麼辦？妳怎麼那麼不小心？這事我也沒辦法處理啊！」小凡感到手足無措，她才17歲，就要當媽媽了嗎？

對一個17歲正當青春年華的女生來說，未婚懷孕的確是不可承受之重，她要如何面對父母？學業怎麼辦？同學又會怎麼想？要不要生下這個孩子？每一個都是非常困難的決定，光是第一步如何面對父母就不知該怎麼啟口了？如果這時候男朋友置身事外，甚至不承認是孩子的爸爸，所有的壓力都會落在女孩的身上，儘管早已是性別平等的世界，但男女之間唯一不平等的就是生理條件。在生理上，女生會懷孕，會受到身心的折磨，男生卻沒有這層煎熬，這也是我常在學校宣講時，告訴女孩們的；女生絕不是弱勢，但在力量及生理構造上，確實和男人比起來是相對的弱勢，不得不注意自身的安全，因為後果往往是由女孩獨自承擔的。

詢／問／過／程

後來小凡在不得已之下還是告訴了媽媽，對媽媽來說簡直是晴天霹靂，媽媽不敢相信一向懂事的女兒，竟然會做出這種事來，盛怒之下還打了小凡一巴掌，讓小凡更是受傷。

「妳竟然如此作賤自己，那個男生太可惡，我一定不會放過他，妳跟我去警察局，我一定要告死他。」媽媽幾乎是半拖著軟弱無力的小凡來到警察局。

「警官，那個男生竟然讓我女兒懷孕了，而且還躲起來，不肯出面負責，真是太可惡了，我要告他性侵我女兒。」媽媽的怒氣仍未消，看著傷心欲絕的女兒，既生氣但又充滿無奈。

「好的，您先別急，您越急，女兒越無助難過，我們來處理，總有辦法解決的。」我請小凡坐到旁邊來，給她一個抱抱讓她抱著，安慰她緊張害怕的情緒。

「小凡，妳已經知道自己懷孕了嗎？」

「我的月經已經二個多月沒來了，我去藥局買了驗孕棒，知道自己懷孕了。」小凡用極微弱的聲裡說著。

「那男朋友和他的父母知道了嗎？」

「我有告訴我男朋友，但他不太相信我，也不願意負責。」這是很典型的結果，常常在警局裡上演的劇情。

「你們在一起多久的時間了？」

「快一年了，他其實對我蠻好的。」

「那第一次發生性關係是什麼時候呢？」我問了小凡關鍵性的問題，因為這個問題可以說明雙方是合意的性行為，還是有強迫的行為。

「第一次發生是在幾個月前，我們去MTV看一部愛情電影，就在那一天我們發生了第一次。」小凡慢慢的回憶和男友的交往過程。

「那你們在一起的時候沒有做任何防護措施嗎？」

「我男朋友不喜歡戴保險套，所以只是大概算一下安全期。」

「如果是這樣，那可是很不安全的。」這時小凡低頭不語，知道自己碰上大困難了。

在一旁的媽媽大聲說：「這麼不負責任的男孩子，妳被騙了都不知道。警官，那個男生就是騙了我的女兒，我一定要告他。」這時社工站起身來倒了一杯水給媽媽，跟媽媽說，您的女兒已經滿17歲了，已經超過法定性自主16歲的年齡，她的男朋友也是17歲，雙方如果是合意的性行為……當然，現下最重要的不是告不告的問題，而是我們要想辦法解決小凡目前遇到的問題。

「那個男生很可惡，竟然讓我女兒懷孕了，必須叫他跟他的父母出來負責。」小凡的媽媽還是怒不可抑。

「媽媽請先別激動，處理這種事情，一定要以孩子的安全最為優先，總要先為兩個孩子著想，我們和社工還是會請對方及他的家長來詳談，看雙方能否圓滿解決。」我向媽媽解釋，目前最重要的反而不是法律問題，法律不一定能解決所有問題，小凡需要的是更多的幫助、諒解和關心。

• • •

過了幾天，明博和他的父母來到了警局，我及社工詢問了他們希望如何解決這件事，明博說：「我雖然有和小凡發生性關係，但從來不知道會懷孕，而且我們才高中生，我不希望小凡把孩子生下來。」

「你不知道女生會懷孕嗎？怎麼沒做好防護措施？」我實在有點生氣，畢竟懷孕這件事，對女生的生理或心理均是不小的傷害。

「我就想，小凡都有算安全期的日子，我也都會好好配合時間，怎麼還會懷孕，我真的不知道。」明博一臉無辜樣，這時明博的媽媽也說話了：

「對啊，警官，就是兩個孩子一時犯了錯。他們年紀還小，還要讀書，我們願意負責賠償，希望小凡可以原諒明博。」明博的父母算是明理，並且有誠意解決問題，畢竟是滿17歲發生合意性行為，重要的是如何解決小凡懷孕的事情？以及如何處理親子衝突問題？

• • •

未婚懷孕的問題在許多的個案當中，大部分都選擇墮胎，畢竟年紀還小。但墮胎是一件大事，女孩的身心都需要專業的人士給予輔導，幫助她再次肯定自己，不要對自己失望，也要教導孩子衛教的知識。如果發生性行為，最安全的方式是男生全程戴上保險套，才能免除懷孕的風險。而家長面臨到女兒恐是未婚媽媽時，常是先震驚然後憤怒，無法原諒；但若連父母都無法原諒，女兒豈不是連面對的勇氣都沒有了嗎！

所以我們常和家長懇談，墮胎或許是解決問題的辦法，但若孩子不願意墮胎，也可以有機構來協助，幫助女孩度過未婚懷孕階段，待她安心地把孩子生下來之後，再繼續完成學業。總之，問題既然已經發生了，打罵完全於事無補，只會讓孩子更恐懼、害怕，父母唯有以耐心、包容的態度去面對女兒懷孕這件事，女兒才會有一線生機。

小凡後來同意墮胎，所幸，明博的父母沒有逃避責任，很照顧小凡並且對小凡的身心造成這麼重大的損害向小凡及小凡父母道歉，並給予補償。

．．．

通常在未成年（已滿16歲）發生合意性行為的案例中，家長會堅持向對方提告的情況大部分有兩種：

一種是雙方分手後，其中一方有騷擾或報復的行為，家長為了保護孩子的人身安全而向警方報案請求協助；另一種是女孩懷孕了，男方不願意積極處理，或是雙方家長無法達成共識，家長憤而提告。這時候，當家長帶著女兒來到警局的時候，都是既憤怒又憂心。詢問女孩的時候，我仍然會問她一個重要的問題：

「第一次發生性行為是什麼時候？」這時候女孩通常會回答：

「不記得了，我忘記了。」女孩的聲音很微弱，一旁的媽媽在旁怒目相視，緊盯著女兒。

「那妳跟男朋友在一起是自願的嗎？」這是一個最關鍵的問題，我看到女孩望向媽媽一眼，媽媽的眼神銳利，警告的意味濃厚。女孩看了媽媽之後，低下頭來不說話，我再清楚的問一次：

「這件事很重要，妳要認真的回答我，不要擔心害怕，慢慢的說。第一次是怎麼發生的？是妳自願的嗎？」

「我不知道，真的不知道……」女孩除了不知道以外，什麼都不願意說了，倒是媽媽說話了。

「警官，明明就是對方性侵我女兒，我女兒還小懂什麼。現在我女兒懷孕了，都是那個男孩的錯，我要告他性侵我女兒。」既然女孩沒有「明確表示願意」發生性行為，就有可能衍生性侵與否的問題。因為女孩回答是不知道，代表不是願意，這個意思的模糊空間可能被解釋為非自願性的。只要女孩不是自願的，那麼雖然已達到性自主的年齡，仍然有性侵的疑慮，所以我做好女孩及媽媽的筆錄之後，社工也開始和女孩及媽媽討論肚子裡的孩子該如何處理等問題，這時候媽媽馬上說：

「當然是拿掉啊，這麼小難道要當媽媽嗎？自己都無法好好照顧自己了，怎麼可能生孩子？警官，可否安排醫生幫我女兒把孩子拿掉？」媽媽的心情我能理解，面對女兒17歲懷孕這件事，大多數的父母都會選擇要女兒拿掉胎兒，可有二種不同情形，一是因女兒的隱瞞，導致發現時胎兒過大，墮胎恐會有危險，這時醫師不建議墮胎；另一種情形是女孩不願意墮胎，和父母發生很大的衝突，無法形成共識，但這件事畢竟是女孩自身的事，如果她堅持不願意，也不能強壓她上手術台，這時就要考慮是否讓女孩把孩子生下來；這不是對與錯的問題，而是一種情感連結。如果勉強女孩拿掉孩子，將會對她的一生造成嚴重的影響，對於她長大成人之後的婚姻及生子也會存在陰影，所以拿不拿掉孩子這件事還是必須好好溝通，當然我們的合作夥伴社工朋友們，都會協助家長及孩子分析情況，並提供完整的資源與資訊。目前政府也有許多機構可以協助未婚媽媽把孩子安心的生下來，再繼續她的人生。

另一方面，當男孩被通知到警察局說明時，經常也是驚惶失措的模樣，不知怎麼會演變成如今的結果。有的父母會質疑兒子絕對不會做出這樣的事，還會懷疑女子肚中胎兒並不是兒子的……只要是抱持著這種態度來到警局，雙方通常無法達成合解或共識，這時就必須以法律程序解決。男孩因為未滿18歲會被移送少年法庭，雙方到法庭上去論證，但法律很難解決感情的問題，只能解決現實的問題。然而未成年的性行為或者因此懷孕，最該重視的不是在法律上誰輸誰贏？而是女孩和胎兒的問題、女孩的身心問題，以及雙方父母對於未來男孩女孩的交往抱持著什麼樣的態度？是准許他們繼續交往？還是拒絕他們往來？這都是雙方必須要好好坐下來懇談的。

• • •

現在因為資訊的開放且取得容易，性的開放程度越來越高，青少年認為只要是男女朋友就可以發生性行為，這種情形是比較令人憂心的，畢竟青少年身心尚未完全成熟，談感情時容易有其他的問題產生，如未婚懷孕或染上性病等問題，家長不可不慎。

17歲是一個美麗的年紀，當我們在17歲的時候也會動心，也想談戀愛。17歲的女生為什麼會令人喜歡？是因為17歲的女生有顆明亮的心，青春洋溢，但內心單純、朦朧，臉上有複雜的表情，讓人猜不透，所以男生會好奇想去知道女生的內心世界，這就是少女的魅力所在。正因為如此，家裡有17歲少女的家長們，要多去了解她們在想些什麼，跟她們談談感情，就能在關鍵時刻保護她們。

安全叮嚀

一、台灣長期在性教育上採取保守的態度，許多的家長、老師甚至認為學生對「性知識」了解太多，會導致孩子性行為提早發生，而在實務教學上含糊帶過。根據許多國家調查發現，越早進行性教育的國家，其青少年發生懷孕及生育的發生率越低，且對避孕措施懂得較多的青少年，對性的行為反倒顯得保守、謹慎。所以應以正向的態度教導青少年「健康的性行為」及自我保護行為。

二、現在的青少年把愛情想像的太美好，而忽略了愛情是有危險性的，也高估了自己可以承擔的能力。當事件發生時，才會了解原來對方並不如自己所想像的一般，高中生談戀愛已經不是新鮮事了，所以情感不要太深，保持一點距離，維持一點朦朧，方能讓這一段17歲的戀情安全過關。

三、在高中階段交往的過程，應注意保持身體的界線，這個界線男女雙方都要注意。男生往往比較衝動，也許是因為生理構造不同所致，當男生無法克制自己的時候，女生得適時的踩剎車，離開現場或起身去喝水，都可達到冷卻的效果；畢竟女生會懷孕，還是要保護自己，注意安全，才能避免傷害的發生。

四、青少年（女）應具備的「健康的性行為」觀念如下：

1. 「性」並非僅是生理行為，是必須對自己的身體及性行為後的後果負責任。
2. 「性」是美好的，是愛情關係的催化劑，但「性」並非維繫愛情的方式。
3. 每個人都有維護身體的自主權，有說「不」的權利。
4. 向孩子強調，擁有性行為不一定代表成熟、獨立。
5. 健康的兩性互動在於分享的共同成長，而不是滿足對方的性需求。

Case 9

網路直播主隱藏的危機

「早喔！欸，昨天的數學功課妳寫完了沒？我覺得好難啊，馬上又要考試了，妳寫完了可不可以借我看？」圓仔是高中生和小艾是好同學，小艾的功課很好，是班上的前幾名，圓仔常和小艾討論功課，作業也都是在小艾的幫忙下完成的。

「寫完了啊，妳又不會了嗎？」小艾沒好氣的說。

「是啊！老師出的題目那麼難，誰會啊？還好有妳，不愧是班上的模範生，等一下借我看。」

「好啦，誰叫我們是好朋友。」小艾是個青春乖巧的孩子，功課好，深獲老師的喜愛，也是班上的模範生。她和同學圓仔的感情最好，不禁地唸了圓仔一句：

「妳啊，再這樣下去，看妳期中考怎麼辦？」圓仔瞅了一眼隔壁的同學浩翔：

「哎喲，隨便啦，反正我也不在乎！」浩翔在旁笑著圓仔。

班上來了一位轉學生志豪，剛從國外回來，聽說家境富有。由於跟大家還不太熟悉，故在班上不怎麼和人說話。圓仔和小艾就坐在他的旁邊，彼此卻從未打過交道。

下課鐘響，下一堂是體育課，圓仔和小艾準備到操場打球。到操場時已看到一堆男孩子在投球，志豪自己一個人坐在操場邊；圓仔約小艾一起前去認識一下志豪，於是走到志豪旁邊：

「欸，同學，你從哪裡回來的啊？」志豪抬頭看了她們一眼。

「美國加州。」

「加州是個好地方耶，真好，為什麼要回來啊？」

「沒有啦，就爸爸把生意轉回到國內了。」圓仔、小艾跟志豪聊了起來。慢慢地他們熟悉了，之後又找了原本就跟她們很友好的浩翔；大夥經常玩在一塊，不久便成為了好朋友。

這天，大家又約在操場打球，圓仔突然跟小艾說：

「小艾，妳知道嗎？最近有一個超級夯的直播平台耶。」圓仔好像發現一件大事般，急急忙忙地要跟小艾分享。

「直播平台？幹嘛！妳要做直播哦？」小艾好奇的問。

「對啊，我聽說隔壁班的小敏也在玩，好像還賺了不少錢呢！」浩翔也知道這個平台，還告訴小艾有很多女生都在玩呢。現在「直播」已經成為同學間最大的話題了。

「可以賺錢？賺多少啊？」小艾覺得有趣：直播竟然還可以賺錢。

「聽說隔壁班的小敏很會直播，一個月賺了5萬元以上呢。」

「賺這麼多？那你怎麼不玩？」小艾調侃浩翔。

「我沒那本事啦，況且直播主都是女生比較多，因為妳們女生比較漂亮，能夠吸引到很多人啊！」浩翔向小艾陳述直播的魅力所在。

「拜託，居然還要用直播賺錢！我爸一個月給我的零用錢都比那多很多呢。」志豪是富家子弟，從來不缺錢。

「拜託，那是你家有錢，好不好？少在這裡炫富了！」轉頭繼續跟小艾鼓吹當直播主的好處。「小艾，現在有很多有名的直播主，她們都有自己的特色，也擁有許多粉絲。你想想，不僅可以在直播的時候表演，又可以賺錢，一舉兩得。妳最近不是剛好想換手機嗎？可以趁機試試看嘛！」

小艾聽了之後，真的有點心動了。她最近很想換一支手機，但是家裡不可能給她錢換新機，如果可以藉由直播來賺錢，真的是太好了。

「而且，妳又不比小敏差，也比小敏漂亮，肯定能賺得比她更多。」圓仔也在旁邊鼓勵小艾嘗試看看。

•••

小艾在同學們的鼓勵和讚美之下，決定嘗試一下當直播主的滋味。小艾原本就是極為聰明的學生，學習如何直播對她來說簡直就是易如反掌的事情。每天放學回到家中，就將自己關在房裡打扮得漂漂亮亮的。小艾在直播中分享自己的心情，也分享日常生活中覺得好吃、好玩的物品，或是一些購物的心得；小艾極佳的人緣加上直播內容吸睛，粉絲越來越多，這讓小艾獲得極大的成就感。這天，小艾又刻意打扮後開了直播：

「你們好，我是小艾，今天要跟大家分享我買的一支口紅，它的成分還不錯，不傷皮膚，造型也很好看，我現在就擦給你們看看喔。」小艾看到許多粉絲的留言對話，其中這個「Jack」常常會「抖內（註：出自英文 Donate，就是贊助直播主的意思）」她，讓她非常開心；除此之外，也有一些粉絲會偶爾抖內，所以儘管直播時間不長，卻已經開始賺錢了。今天 Jack 又抖內她一千元，並且邀約她參加一個 party，還說可以邀請同學一起來玩。因為 Jack 是最支持她的人，每次都很大方地抖內她，使得她對 Jack 這個人充滿好奇，也想見見 Jack。這次 Jack 再給小艾留言：

「可以揪大家一起來我這裡玩玩，不用有壓力。這個星期天妳邀請同學一起來，我保證會很好玩的。」小艾回答說會再跟同學商量。

隔天，小艾就跟圓仔、浩翔及志豪討論，要不要去參加 Jack 的 party。自從小艾開始直播之後，因為反應不錯，所以她的的確確賺到了一些錢，也因此換了支新手機，但到目前為止，她仍未答應和網友出去玩。小艾算是一位聰明的學生，她知道網路世界的危險，所以對虛擬世界的朋友邀約，她依舊選擇拒絕；但是 Jack 是抖內她最多的人，基於感謝，她便問同學要不要陪她去。

「好啊，大家一起去玩，應該很好玩吧。」浩翔首先響應，志豪接著說：

「在國外，開趴是非常平常的事，去參加沒關係啦！」

「小艾，我們這麼多人一起去，應該沒關係。」圓仔也贊成，於是大夥相約在星期六晚上8點，參加 Jack 的 party。

星期六晚上他們一夥人來到了 Jack 開趴的地點，那是一個地下室的空間。一行人進入後發現已經有很多人在裡面了，桌上散落許多咖啡包、奶茶及飲料，現場不僅煙霧迷漫，還流露著一股奇怪的味道。這時，Jack 出來迎接他們。終於見到真人了，小艾發現，原來 Jack 是一位中年大叔，長相普通，全身有刺青，有些江湖氣息。大夥在裡面待了一會兒；Jack 拿了一些東西給志豪試試，說是會讓自己快樂且放鬆心情的物品。志豪是從國外回來的，心裡很清楚那是什麼，他在國外也嘗試過，很快地便拿起來使用。小艾覺得奇怪，也懷疑那物品究竟是什麼，志豪怎麼會在吸食之後就開始意識恍惚。Jack 想讓小艾和圓仔也一起試試，小艾心裡仍有許多不安，無論如何都不肯嘗試。Jack 卻不放棄地繼續勸說：

「不要緊張，試試看這個，一起嗨起來，來 party 不就是要快樂、開心嗎？這個東西可以讓大家更快樂，妳用就知道了。」Jack 仍然不死心地持續勸說小艾。這時小艾的電話突然響起，媽媽打電話來問她在哪裡，要她趕快回家。小艾趁著這個機會拉圓仔離開，也叮嚀浩翔要將志豪送回家。

因為小艾的警覺，那天並沒有發生什麼事情；至此小艾對 Jack 這個人有了戒心，覺得還是要小心謹慎，加上那天也不知道他給志豪吸食的是什麼東西。上學時小艾問志豪：

「那天在party上你吸食什麼？」

「應該是大麻吧？我在國外有吸過，在國外大麻是合法，是可以吸食的。」小艾嚇了一大跳，志豪竟然吸食毒品，這是違法又可怕的事情啊！

「那是毒品耶，怎麼辦？是不是要告訴老師啊？」小艾很擔心自己會不會犯罪了。

「妳別大驚小怪的，只是參加了一個party，吸食點大麻，沒事的啦！」志豪一副輕鬆的樣子，但小艾仍舊覺得不安。

• • •

小艾持續當著直播主。這天她穿著鮮豔的衣服，在鏡頭前開心地和大家打招呼，閒聊今天在學校中發生的有趣的事情：

「大家晚安，我們學校今天舉辦了一場舞會，舞會中，每一個人都打扮得非常漂亮，也都有自己的舞伴。大家跳舞跳得很開心，也玩得非常愉快。我雖然也有一個舞伴，但他並不是我的男朋友，我目前還沒有男朋友，記得在《我的少女時代》這部電影中，女主角有一個一直默默愛著她，關心她的人，雖然最後分開很多年，仍可以找到彼此，最後還在一起了。我好羨慕她，真希望我也有一個這麼好的男朋友。」小艾說完之後，很多人開始留言想要跟她交朋友，也有稱讚她美麗、身材條件好等等的。小艾看完之後心情大好，但這時她又看到 Jack 的留言：

「小艾，上次妳都還沒玩，怎麼就走了？真是太可惜了，我們都還沒有好好地認識彼此。這個星期天還有另一場 party，妳要不要再來玩？妳真的是我很喜歡的那種女孩子，我抖內妳一些錢，妳可以去買漂亮的衣服來穿。」說完 Jack 立馬抖內了小艾5千元，讓小艾不知道要高興還是要擔憂。即使知道 Jack 的 party 有點問題，而未答應 Jack 的邀約，但對於他給的5千元贊助，小艾還是有點興奮。自從小艾當直播主以來，每個月都可賺5萬元以上，讓她很有成就感，覺得自己就是一個極具魅力的直播主。然而錢賺多了，購買的名牌物品相對的越來越多，小艾的金錢價值觀漸漸地被扭曲了，功課也逐漸退步，但小艾仍沉醉在當直播主的快樂當中。

星期天小艾沒有去 Jack 的 party。隔天，她和圓仔在學校聊著當直播主的趣事，也鼓勵圓仔可以嘗試看看。圓仔說：

「我沒妳漂亮，沒妳聰明，口才又沒妳好，我大概很難紅吧，哈哈，看妳的直播就好了；而且妳現在的粉絲很多，真是很了不起。」聽了圓仔的讚美，小艾更加得意了，深深覺得當初決定做直播真是太棒了。

放學後，小艾趕著回家直播，沒想到一出校門，竟然看見 Jack 站在對面向她微笑。小艾嚇呆了；Jack 怎麼會知道她的學校，竟然還在校門口等她。看見小艾出來，Jack 立刻向前擋住她的去路，嬉皮笑臉的對小艾說：

「妳怎麼沒來 party，我等了妳好久喔。不是給妳五千元去買衣服嗎？妳沒有買嗎？」小艾不知道該怎麼辦？他竟然等在校門口，這是不是代表他以後還會經常來這裡？

「你怎麼知道我讀的學校？我又沒告訴你。」小艾很想知道答案。

「這妳不用知道，我很喜歡妳，小艾，我們可以做朋友嗎？我可以常常陪妳，妳不是一直希望有一個男朋友嗎？」Jack 像是在追求小艾，但小艾根本高興不起來，她知道 Jack 好像跟毒品有關，自己並不想捲入這種複雜的情況，於是小艾隨便編了個理由，

「今天媽媽叫我早點回家，我必須馬上回家。」說完就小跑步地離開了，還好 Jack 並沒有追上來，只是這件事讓小艾很害怕，她擔心 Jack 不知道會做出什麼事情來。

沒想到從此以後，Jack 經常在校門口等小艾放學，並且尾隨她，跟蹤她。小艾困擾不已，這天她和浩翔、圓仔在一起時談起這件事，浩翔想起去舞會的情況，志豪因吸食大麻神志不清，語無倫次。圓仔也覺得 Jack 這個人有點問題，現在又來糾纏小艾，於是請小艾報警，否則不知道將來是否可能發生什麼更危險的事情。小艾想了想，決定去報警，不然這樣天天看見 Jack 實在讓她恐懼極了。

小艾鼓起勇氣走進警察局報案。我看見一位高中女生自己走進警局，沒有父母的陪伴，心想一定是遇到什麼事了。

「請問有什麼我可以幫忙的嗎？」我站起來迎接面前這位可愛卻面帶愁容的高中小女生。

「警官姐姐，我遇到一些事，不知道該怎麼辦？」

「什麼事？妳慢慢說，我聽著。」我安撫一下小艾的心，讓她可以慢慢地說出來。

「警官姐姐，我有在做直播，在直播上認識了一個男生，最近他一直到學校門口等我，要和我約會，還跟蹤我，怎麼會這樣呢？我只是做直播，也沒有在直播上告訴大家我的學校，他怎會知道的呢？」這又是一個上直播被挖掘出個人隱私的案件，我跟小艾解釋：

「小艾，這種案例很多。妳在直播的時候，身邊所放的物品，都很有可能會洩漏妳的住家環境或是學校資訊。這些在網路上的人對觀察很在行，只要利用妳談話的內容及一些蛛絲馬跡，往往就可以找到妳。妳想想在直播時有沒有放置書包或用品，或妳在談學校的生活時透露出一些資訊，是可以讓他去查詢的？」我請小艾仔細回想，一定有些資訊不小心地流露出去了。小艾想了一下，臉上還是有不解的表情，但是她好像想起什麼。

「有一次我談到學校開舞會，他還抖內了我五千元，過沒幾天，他就出現在我校門口了。」我想我知道原因了。

「既然妳說了學校開舞會的事，那他就很容易查證了，加上妳平常可能會在上下學途中拍攝一些照片，照相上的建築物或街景也可以很容易地找到地點，所以他要知道妳的學校絕對不困難。」小艾不可置信，原來是她自己的問題。

「那姐姐，我現在應該怎麼辦呢？」小艾憂心忡忡。

「妳跟這個 Jack 怎麼認識的？見過幾次面？」

「他是我的粉絲，經常抖內我，有一次他約我和同學四人一起去參加 party，那一次是第一次見面。」我詳細地將經過記錄下來。

「參加 party 那天，有發生什麼事嗎？」

「那天人很多，他很熱情地招呼我們，給了我們飲料和點心，但有點奇怪的是，他拿了一些東西給我從國外回來的同學吸。」我一聽馬上覺得這可能是吸食毒品的場所，一定要好好詢問了解，確認清楚是否有毒品的情資。

「那個地點妳還記得嗎？知道 Jack 的中文名字嗎？」

「地點我記得，我們同學都知道，至於 Jack 的名字他沒有跟我們說。」

「警官姐姐，那他每天來校門口等我這件事，我該怎麼辦？」我向小艾說明：

「這件事我們會立刻去找到這個 Jack 處理，因為他有可能涉及毒品案件，我們會全力查緝他到案了解。有關妳的人身安全部分，希望這些日子妳回家時要攜帶一些用品，如長柄傘、防狼噴霧劑或是哨子都可以，必要時可以防身使用。然後妳自己要提高警覺，多和同學結伴同行，如果時間比較晚一點就請爸媽接送，我們警方也會加派警力在學校周邊巡邏。妳如果遇到狀況時就立刻打 113 報警，我們會盡量保護妳安全，但妳自己也要多留意，保護妳自己哦！」我很詳細叮嚀了小艾，小艾聽完之後就回家了。我立刻將這個有關毒品的情資交給同仁偵辦，追查 Jack 這個人，相信同事很快便可以逮捕到他。

另外為了小艾的安全，我通報了學校，請學校多注意校園周邊有無可疑的人物，並多關心小艾的狀況，也一同通知了小艾的父母，請他們這陣子多注意孩子上下學的安全，儘可能地接送一段時間，讓大家一起來保護小艾，保護她的安全。

安全叮嚀

一、現今社會裡，人手一支智慧型手機是非常普遍的事情，甚至擁有兩支以上的手機都是稀鬆平常的事。孩子從網路上獲取大量資訊，若將一天的資訊以量化來說，要稱之超過一百筆一點都不誇張，因為只需要手指在智慧型手機上一滑、一點，無數筆的資訊便在幾秒鐘內湧入。

隨著資訊量的提升，在孩子們眼中所看到的世界已不再侷限於教室課堂中老師所灌輸的知識或家中父母所教育他們的，而是每天從手掌般大小的智慧型手機裡，獲得沒有空間限制的龐大資訊。因此孩子對於世界的求知欲正在倍數增長，孩子們的交友圈不侷限於校園，更不限制於自己身邊的年齡層，「網路直播」漸漸成為孩子求知與交往的途徑之一，甚至成為賺錢的途徑之一。

二、何謂「網路直播」？「網路直播」是指隨著線上影音平台的興起，在網際網路上公開播出即時影像的娛樂形式。一開始孩子們會先以「觀眾」的角度、身分切入網路直播的世界。當熟悉直播的世界時，同儕、朋友之間會開始討論相關直播的話題，久而久之便會開始對「網路直播」的世界產生好奇，漸漸地轉換自己觀看的角度。「網路直播」看似光鮮亮麗但其實就如同一座湖水一般，從表面看似如水面一般平靜，其實水面下暗藏很多暗流與風險！

三、「網路直播」危機重重，我們該如何避免孩子們陷入危險中，並且給予孩子建議呢？

1.「網路直播」可能會扭曲孩子價值觀，應及時導正與預防

當孩子們開始發現，螢幕中與自己互動的「直播主」在短短幾小時內就能賺到比自己父母所給的零用錢更高的金錢（此時的孩子，對於金錢的觀念並不健全），甚至可以在螢幕面前穿著、打扮地光鮮亮麗，或是誤以為只需要說說話，分享一些日常，唱唱幾首歌就能賺到可觀的數目，而將「直播主」變成他們「打工賺錢」的選項之一時，易產生一些錯謬的價值觀。因此家長應多注意孩子上網的情形，以及日常開銷或是身邊使用的物品價格有沒有突然變得很昂貴等等狀況。對於孩子價值觀的轉變，其實都是可以從小地方開始觀察、發現的。

2.「網路直播」門檻低，無法有效過濾直播主與觀眾類型

進入「網路直播」的門檻極低，只需要加入會員，動一動手指即可進入「網路直播」的世界，甚至沒有年齡的限制，能夠滿足孩子們想獲得關注的心思，因此無法過濾觀看的年齡層以及身分，這點將是直播最大、最危險的隱憂。因為當孩子開始直播時，我們將無法確定與過濾孩子們將會看到和聽到什麼樣的言

論，他們有極大可能接觸到不恰當內容，進而扭曲價值觀，如：金錢上、道德上的價值觀。

3. **沉迷於「網路直播」，可能漸漸影響孩子的心理與生活作息**

當孩子產生不正確的思想後，例如：孩子的金錢價值觀扭曲後，可能對於物質的欲望將大大提升，甚至出現入不敷出的現象，而且，孩子投入大量時間、精神於「網路直播」中，因為過度沉迷，漸漸影響生活作息、學業，甚至是健康、睡眠。家長應多注意孩子上網的情形，評估上網的時間是否有過度或是變長的跡象。

4. **個人隱私揭露與「網路直播」即時性的隱憂**

在直播的過程中，孩子們極有可能於無形中透露出關於自己的一些隱私、資訊，畢竟直播是有畫面的，可能在無心之下揭露出拍攝的背景，或是在聲音及對話中透露出自己的隱私；而這樣的內容被有心人士利用時，恐怕會讓自己及家人陷入未知的危險中。再者，因為直播是即時性的，對於思想、觀念還未健全的孩子們來說，極有可能於無形之中發表一些不當言論，而被有心人士利用和造謠。家長與學校應於適當時機透過聊天方式，和孩子討論使用的狀況以及灌輸他們網路安全的觀念。但切記，不是一味地禁止，而是告訴他們其中的危險與擔心，才不會導致反效果。

5.「網路直播」交友複雜，與陌生網友接觸機會提升

孩子因於直播時結交一些身分不明的網友，在金錢和情感的因素下相約見面，恐怕會造成無法挽回的傷害（如：在無預警的狀況下，觸碰到毒品），這將是我們最不樂見的事情。因此我們應該多多關心孩子的交友狀況，於適當時機以案例或是新聞方式告訴孩子正確的交友觀念以及如何過濾交友圈之觀念。

綜上所述，對於孩子接觸「網路直播」的新型態，我們很難阻止，但身為家長、校方、公權力，甚至是業者……，其實社會的每一方都能夠也應該盡力，避免一切不希望發生的情事發生，共同保護我們國家未來的主人翁。

Case 10

孩子，上學的路怎麼那麼遙遠？

「青青，明天一起出來玩吧！」青青是國中生，在網路上結交了一個男朋友。男朋友現在沒有上學，偶爾打工賺取生活費，空閒的時候就約青青出來玩。自從與男友交往後，原本就不喜歡上學的她更加不樂意到學校了，三天兩頭地逃學。

「好啊！反正明天也不想去學校，我們一起出去玩吧！」青青已經好幾天未到學校了。學校依規定：如三天未到校，即通報中輟，請警方協尋。國中的中輟生在外面無法打工，只能四處遊蕩，常是最危險的一群，所以警方接到中輟通報之後，都會盡全力協尋，把孩子送回學校。

青青已經是經常中輟的個案了，看到她又被通報中輟，我們想著這次要去哪裡找她。我先通知父親，問問孩子最近的狀況。

「青青的爸爸嗎？我是邱警官，您知道青青又不上學了嗎？」父親一接到警方來的電話，馬上猜想到一定又是青青出了什麼事了。自從他和太太離婚之後，青青的個性就變得很奇怪，又特別叛逆，對父親的管教也不理不睬，最近更是連話都不願意跟他說了。

「警官，青青又給你惹麻煩了，最近她連話都不跟我說了。我一個人帶著兩個孩子，又要工作，實在沒有什麼時間去管她，不知道她是不是又闖禍了？」爸爸很無奈的說著青青的狀況。

「目前青青只是不上學，但據學校說，青青上學很不穩定，偶爾才到學校，然後又不去了。經常中輟的孩子，在外面很容易受到誘惑或欺騙，所以我們還是要盡快找到她，也希望如果青青回家之後，爸爸能多關心她。」

「好的，最近青青好像交了一位男朋友，她男朋友在餐廳打工，我想青青可能都跟他在一起吧。」父親把女兒男朋友打工的地方給我們，我們小隊立刻前往餐廳去查看，也到青青常去的網咖找找，再和社工及學校老師詢問青青可能會出現的地點，經過幾天之後，終於在MTV找到了青青。

詢／問／過／程

「青青，妳怎麼又逃學了？爸爸和老師都很擔心妳耶。」我用關心的語氣和青青交談。

「我爸哪會關心我，他有那個女朋友就夠了，哪還會管我和妹妹？」爸媽離婚，兩姊妹的監護權歸屬爸爸，所以二姐妹都和爸爸同住，家境還算可以。近來，父親交了一位女朋友，姊妹二人無法接受，儘管爸爸很努力地想拉近親子關係，但正值國二的青青，處於反叛期，完全接受不了爸爸找了另外一個女人來取代媽媽，於是開始用逃學來抗議！

「青青，妳這個年紀，讀書是很重要的。可能妳現在不喜歡爸爸，但妳爸爸真的很關心妳，他也跟我們一樣到處在找妳。或許等妳將來長大之後，就能明白父母之間的事情到底是怎麼回事了。」我認識青青已有一段時間了，因為她經常中輟，早就已經是我們少輔會輔導的個案，也經常和社工討論如何幫助青青穩定就學，我們很擔心她哪一天會被人欺騙，而做出令人擔心的事情。

「我不要上學，也不想回家，看到爸爸常帶女朋友回家，我就生氣。上次爸爸說要帶我們姐妹一起出去玩，結果居然帶著那個女人一起出現，簡直氣死我了，爸爸眼裡根本沒有我和妹妹，一點都不在乎我們。」青青憤憤不平地說著她不上學的原因，她就是想以這種方式向爸爸抗議，讓爸爸能注意到她，但此種父女關係總會進入惡性循環的狀態：爸爸最後可能會因無能為力而放棄，而女兒也可能因父親的不聞不問更加自暴自棄，如此一來，讓孩子回到學校這條路就更遙遠了。

「好，姐姐知道妳的想法了，但現在先回學校去好嗎？既然不喜歡這個家，妳以後還會有自己的家，所以妳現在要好好讀書，將來才能有一個屬於自己的、很好的家，不是嗎？聽姐姐的話，姐姐先陪妳回學校，也希望妳能好好上學，姐姐會常到學校來看妳的。」我知道青青是為了反抗爸爸，自從爸媽離婚，爸爸交了女朋友之後便開始以逃學的方式進行抗議。今天青青跟我們回到學校，我們將她交給老師，但根本的心理問題卻沒有解決，青青還是會有逃學的可能。把青青帶回學校之後，我打了個電話給爸爸：

「青青爸爸，孩子已經找到了，現在也回到學校了，但還是需要請您多關心青青，多和孩子聊聊她心裡所想的事，慢慢地，她會想明白的。希望您可以多關心、多鼓勵她，溝通她所想要的和她所期望的，只有這樣才能讓青青放下心防，希望青青可以好好上學，否則國中這年紀恐怕容易誤入歧途，到時候後悔都來不及了。」

「謝謝你們，警官，我會多注意的。」

青青的逃學個案，是很典型的個案：單親家庭，父母一方工作繁忙，無時間關心孩子；如果父母又結交男（女）朋友，孩子在家庭中會產生失落感，可能會經常用逃學或逃家來反抗父母。再者，就算我們將孩子找回來，沒過幾天孩子又不上學了，真的很難處理。青青現在仍由社工輔導中，會陪伴孩子直到她穩定為止。

志明國小時，上學情況還算是很正常，但升上國中後，第一天他就未到學校。志明被通報為未入學的中輟，我們前去了解一下志明的背景：他家庭環境普通，爸爸是工人，常在外做出重、需要體力的工作，媽媽在家幫人帶小孩，還有一個在小學就讀的妹妹。小學時候不覺得志明遭遇到什麼困難，但為何上了國中之後，突然之間就不願上學了？

為了查明志明的中輟原因，我們先到志明家訪查一下，這天有點陰冷，我和社工到志明的家，按了門鈴，媽媽出來開門，我們說明想來看看志明是否在家？為什麼沒有去上學？媽媽看見我們似乎有些高興，原來她已經覺得心力交瘁，這時看到有警察和社工願意前來幫忙，心裡很是感謝。

「警官，謝謝您，志明在房間裡，我帶您們去找他，但他不太理人。」媽媽帶我們到志明的房間，這時嬰兒的哭聲響起，媽媽趕緊跑到隔壁房間去照顧嬰兒。平常媽媽在家當保姆，非常忙碌，實在沒有太多時間處理志明不上學的問題。我和社工進入房間之後，看見志明躺在床上一直滑手機，我們進來後，他立刻瑟縮在床邊，不願意接近我們。這時我慢慢地靠近他，拍拍他的肩膀，很想擁抱他一下，他畏縮害怕。我想藉著肢體的動作，讓他感覺到我的善意，然後我溫柔的問他：

「志明，你是不是不喜歡上學？怎麼升上國中之後就不願意到學校去了？在那裡你可以認識新朋友啊！」志明頭低低的，對於我的問話無動於衷，沒有想要回答的意思，我繼續和他聊天，試著了解他不上學的原因。

「那你不上學的時候，都一直待在家裡嗎？還是會出去呢？」

志明依舊沉默不答，我仍不死心：「你可以告訴姐姐，不要緊的。」

「不然你告訴姐姐你喜歡什麼？姐姐也可以幫你哦。」志明卻一動也不動，只是坐在床上，連頭都沒抬起來看我一眼，我想這孩子的內心世界可能是我們很難進去的，且他拒絕溝通，平常也不太跟家人講話，似乎活在自己的世界裡，這樣的孩子怎麼讓他去上學呢？第一次見面，恐怕無法無法說服志明回去上學。我問媽媽平時和志明的關係如何?媽媽說她平常忙著帶小孩賺錢,對於志明的情況雖然很擔心,卻真的無能為力,無力管教,志明也不聽話。看來媽媽確實陷入困境了,身心受了很大的折磨,於是選擇不理!親子的關係宛如進入冰凍期。

我想辦法連結一些網絡的資源,希望能幫助志明走入校園。過了幾天和學校聯絡,志明仍然未到校,我決定再到志明家裡一趟。結果一到那裡,志明聽到門鈴聲就跑走了,根本是逃跑,連跟我們見面都不願意,我們只好失望回隊上。

詢/問/過/程

找尋中輟生是我們很重視且重要的工作,因為國中生不上學,不管待在家裡上網或外出和朋友在一起,都含有很高的風險,很容易被利用來從事犯罪行為或成為被害的一群人。可是有些孩子仍舊不願意上學,像志明一開始就未到國中報到,這當中原因錯綜複雜,可能需要很多單位共同協助處理,盡力幫助孩子,特別是這樣的孩子更需要關懷及身心科的醫師一起來解開孩子的心結。

後來我又去了幾次，慢慢地跟志明建立一些信任關係，雖然他還是幾乎不說話，偶爾只有一、二個字「好」或「謝謝」，但已經有一些進步了。有一天我又去了志明的家，這次他沒有逃跑。我進到他的房間，先擁抱他的肩膀，帶了些他愛吃的點心，陪他一起吃和打電動，心想，今天狀況不錯，不妨再聊聊上學的事：「志明，今天天氣不錯，姐姐陪你去學校看看好不好？」

「那天學校的老師說，學校今天要辦一個活動，大家都會參加，好像挺好玩的，你也都還沒認識同學和老師不是嗎？不如今天我們去學校看看。」我苦口婆心的勸著志明，他還是低頭不語，我繼續努力：

「我們只要去一下下，姐姐陪你，如果覺得還是不喜歡，我們再跟老師商量可以怎麼做，好嗎？就讓姐姐陪你去一下。」我又擁抱了一下孩子，沒想到這時候從志明口中吐出微弱的一聲「好」。我滿心歡喜，找媽媽來幫志明換衣服，媽媽也很高興志明願意去上學了，在穿衣的過程中，志明動作很慢，仍猶豫不決，但我立馬給他信心，告訴他：

「志明，給自己一次試試看的機會，你看媽媽都那麼高興了，說不定你去上學之後，會覺得開心，因為有老師和同學跟你做伴。」

志明這一天真的和我們一起到了學校，我們把志明交到老師手上，算是完成我們的任務了，但不知道志明是否能穩定上學？很多被我們找回的孩子，常常是過了幾天或一陣子之後又停止到校上課了，讓學校和家長很頭痛，我們警方只能一直尋找，找到了再送回學校，循環不斷。然而像志明這樣並不是因為愛玩或結交了壞朋友才輟學的孩子，長期宅在家沒有出門，更需要持續的幫忙及關心，也需要家長有耐心地帶他去精神科醫師診間接受治療。青少年的身心問題是非常專業的領域，需要花上很多時間和心力，大家要結合在一起，為孩子盡全部的力量。

維新是一個可憐的孩子，單親。當初爸媽沒有登記結婚，兩人同居時，媽媽懷孕生下他和妹妹，結果爸爸不願意負責，離開了他們，僅剩下母親獨力將他們兄妹撫養長大。他們住在山上一處非常簡陋的屋子裡，屋內狹小沒有床，只能用墊子鋪在地上，到處凌亂不堪。媽媽在外工作，維新也不喜歡上學，遂被學校通報中輟，這個孩子我們輔導一段時間了，他雖然不上學，但是仍願意走很長的路到圖書館讀書，行為真的很奇特，讓人猜不透。試想是否無法跟人家社交呢？這或許也是精神疾病的一種，需要長時間的觀察和治療，但有誰可以關心他、陪伴他多一些呢？

維新已經國中二年級了，但身型十分瘦小，像是小學四年級學生一般，應該是長期營養不良的關係。媽媽在勞動局的協助下擁有一份工作，也有一間社會住宅房子供他們居住，但媽媽還是帶孩子住在山上的屋子。加上媽媽平常工作忙碌，對維新的上學情況也不是很清楚。我們每次去看孩子時，都會帶上便當及水果請孩子吃。維新知道我們關心他，找到他後，他跟我們去了學校，也穩定就學一段時間。但我仍覺得這孩子心裡有障礙，畢竟從小被爸爸拋棄，且媽媽忙著辛苦賺錢，自己根本沒人關心，無人聞問，應該都是造成維新心裡痛苦，不願與人接觸的原因。

詢／問／過／程

長時間在找尋中輟生的過程中，深感逃學的原因很多，但大部分都是因其為單親家庭或家庭功能薄弱，這絕對不是我們把孩子找到，送回學校就可以解決中輟的問題。家與學校對孩子而言是最重要的同心圓，這兩個地方若能關心陪伴孩子，孩子的上學狀況就會穩定許多，另外，宅在家的孩子多半有身心需要陪伴和治療的問題，必須就醫才能獲得緩解。需要社會大眾努力的地方仍多，但這些都是我們可以為孩子努力的事情，孩子只有我們了。

安全叮嚀

一、逃學的問題成因很多，可能有孩子本身、家庭、學校及社會等因素，這些因素影響了孩子的就學及待在家中的意願，所以，逃學、逃家行為不該都歸咎於孩子本身，而是需要多方面去了解及關心孩子的就學及身心狀況。

二、剛開始逃學的孩子通常無處可去，在街上遊蕩是常有的事情，故容易結交不良行為或有犯罪嫌疑之人，而影響孩子的行為。找回逃學、逃家的孩子，是家長及學校刻不容緩之事。

三、家長如何觀察孩子逃學逃家之徵兆：初期逃學的孩子容易有就學遲到、返家晚歸的情形，孩子漸漸的會找各種藉口請假不到校或是直接曠課，作業經常遲交，功課明顯退後等，最後可能結交不良友伴及流連不當場所，而演變成嚴重之偏差行為，家長們應該要多了解這些徵兆，以及時時關心陪伴孩子。

四、家長平時應該多了解孩子的交友狀況及生活的場所領域，適時的關心孩子逃學、逃家的原因；對於孩子的逃學、逃家不應以責備及放棄的字眼與孩子互動，且盡量避免雙方衝突的產生，家長、學校及孩子應多溝通，討論出可以協助改善之方法，以降低逃學頻率。

五、家長與學校老師保持聯繫可以增加彼此對孩子的了解，以發掘孩子逃學逃家之主因，平時家長與學校老師可以鼓勵孩子多參加校內外的社團，避免因課業的無趣及無聊而有逃學之行為，除了可以增加學習興趣之外，還可以得到學習成就感，提高孩子的自信心，以融入學校的生活。

六、家長可以多參加學校或是社區所舉辦之親職講座，吸收親職管教的新知，學習正確的管教方式，鼓勵與肯定孩子的表現，增加孩子正向的經驗，降低就學壓力。

七、若家中孩子經常發生逃學逃家的問題，應該先掌握孩子在家的生活狀況及向學校詢問並了解孩子的在校就學及交友情形，以了解孩子的行為表現，必要時可以尋求外在資源之協助，如各縣市之少年警察隊、少年輔導委員會、學生輔導諮商中心、社會局的兒少福利服務中心，以及學校輔導室及醫療資源之協助。

Case
11

她失蹤了，請幫我找到她

小婷是一個國中生，從小父母離異，由阿公阿嬤撫養長大。阿公阿嬤因為心疼小婷從小父母不在身邊，幾乎盡他們所能地完全滿足小婷的需求，相當溺愛，造成小婷認為沒有什麼事情是她不能做的觀念。

小婷打扮奇特，染了一頭金色的頭髮，行為乖張，上課精神萎靡，還常常逃學，在學校是老師眼中的頭痛人物。

「小婷，今天下課要做什麼？我和男朋友要出去MTV，妳要不要一起去？」小婷的好友品瑜常約在網路上認識的男朋友一起出去玩，讓小婷心裡覺得不是滋味，也很想要交男朋友。

「妳的男朋友是在網路上認識的？他對妳好嗎？」小婷問品瑜，在網路上是否能遇到真愛，小婷雖然有阿公阿嬤的疼愛，但究竟無法取代父母，無法彌補小婷缺乏爸媽疼愛的缺憾！

「我男朋友對我很好啊，不然妳也上網找一個就知道了。反正網路上很多人都在交朋友，沒什麼大不了的。」品瑜一臉輕鬆的要小婷到網路上交一個男朋友。

「我是真的很想交一個男朋友。我阿姨、舅舅一天到晚管我、念我，我都不想待在家裡。」阿嬤特別溺愛小婷，導致她有許多叛逆行為。阿姨及舅舅們看不慣出言責備，讓小婷對他們很是反感而且關係緊張。小婷只要在家裡看到他們，就馬上躲進房間內或者是離家逃避。

•••

於是小婷開始上網找尋對象聊天。小婷才國中，長得有些姿色，很多人喜歡小婷，想和她交朋友。但小婷想交一個年紀大一點，有爸爸般味道的，可以關心她，愛她，讓她任意撒嬌的人。其中一個中年大哥特別吸引小婷注意，她稱對方為靖哥。靖哥常常在線上等待小婷，每次一看到小婷上線，便會立刻找小婷聊天，給予她許多的關懷。

「小婷，妳今天好不好？今天天氣冷，要多穿一點衣服，才不會著涼。」小婷沒有兄弟姐妹，沒有父母，特別喜歡這種噓寒問暖的貼心。

「靖哥，你對我真好。」

「當然要對妳好啊，我要好好照顧妳，如果妳遇到什麼事，都可以跟我說，我可以幫妳，妳放心。」靖哥其實是一個宅男，整天宅在家，專門找國中小女生或是有寂寞芳心的小女生聊天。他很了解像小婷這樣的小女生需要什麼？心裡在想什麼？因此常成功地擄獲少女的心。

「靖哥，我最近很煩，不想上學，也不想回家。」小婷近來因為跟阿姨有一些衝突，想避開阿姨，不想回家。

「發生什麼事了嗎？要不要說給我聽聽，我看看可不可以幫妳想想辦法？」

「阿姨說阿嬤給我太多錢了，我都亂花，還叫阿公阿嬤不要給我那麼多，以免寵壞我。什麼嘛！我哪裡有亂花錢，阿姨根本不了解我。」小婷覺得自己被冤枉，很生氣。

「這樣啊，妳不要理她就好了嘛。」靖哥覺得機會來了，又進一步地說，「如果妳不想回家，可以來我家，我們可以聊聊天。」

「算了，今天我阿嬤生日，我還是回家好了。」早上阿嬤就跟小婷說，晚上要早點回家過生日，還準備了許多小婷喜歡吃的菜。

「好吧！如果妳有事再跟我說，我會隨時幫妳、陪妳的。」靖哥的體貼與關心，讓她感到從沒有過的，像父親一般的關愛，深深打動了小婷的心。

這天晚上阿嬤生日，舅舅和阿姨都回來了，小婷看見他們心裡有些不開心，誰知阿姨一看到小婷回家，馬上就說：

「瞧！妳頭髮染成什麼樣子？還去做美甲。媽，妳到底給她多少錢讓她亂花啊？」阿姨對小婷身上的打扮極度看不順眼，又責怪媽媽給小婷太多錢讓她花用。

「阿嬤哪有給我很多錢？阿姨妳不要每次看見我就要罵我，我到底是哪裡得罪妳了！」小婷立刻頂嘴頂回去。這下可好了，連舅舅都開罵了：

「一個女孩子，褲子穿的那麼短，不怕被壞人拐去啊，妳最好不要到處亂跑。」

「好啦！反正你們就是看我不順眼啦，那我就滾出去，不要被你們看見！」說完，小婷頭也不回地往外跑，留下一臉錯愕的阿公阿嬤。他們想攔住小婷，卻被自己女兒大聲的叫住：

「媽，妳別再管她了啦，再這樣什麼事都順著她，遲早會出事的。」

「你們這是幹什麼，小婷從小就沒爸爸媽媽在身邊照顧，已經夠可憐了。你們就不能少說兩句嗎？現在把她氣走了，你們高興了？」阿嬤傷心的流下眼淚，今天還是阿嬤的生日呢！

• • •

小婷離開家之後，真的不想再回去了，一個人坐在公園裡不知道該去哪裡。想起靖哥對她的好，並且跟她說過不論遇到什麼事情都可以告訴他，於是傳了訊息給靖哥：

「靖哥，我剛剛跟阿姨和舅舅吵架跑出來了，現在心情很差。」沒想到靖哥立刻讀了訊息，秒回小婷：

「別難過，沒事的，妳現在在哪裡？」小婷覺得還是靖哥最關心她。

「我在公園裡。」

「好，那妳別走開，我馬上去接妳。」靖哥內心大喜，小婷終於要跟他回家了。

靖哥立刻趕到公園，在那裡找到獨自一個人在滑手機的小婷。靖哥跟小婷說：

「妳還好嗎？我來了，妳可以不用擔心了，妳不想回家嗎？」靖哥很快趕來，讓小婷很高興，至少她不是沒人愛的。

「我不想再回家了，阿姨、舅舅都不喜歡我，我留在那裡，只會讓他們討厭而已。」靖哥想是時候該帶小婷回家了。

「我帶妳回家吧！我會好好照顧妳的，妳放心。」小婷從小缺乏父母之愛，雖然阿公阿嬤照顧她照顧地無微不至，但她仍很羨慕同學有爸爸媽媽，特別想要有爸爸可以保護她。所以在網路上她都找尋年紀較大，甚至是中年的人，這樣才可以疼愛她，讓她像個小女孩般撒嬌的父親角色。靖哥就非常符合小婷的條件，所以她才那麼喜歡和靖哥聊天。

「謝謝靖哥願意帶我回家。」小婷很感激靖哥這樣對她，至少不會讓她流落街頭。

小婷離家之後，阿公阿嬤到處找，心急如焚，一方面怪罪自己的女兒及兒子不該逼走小婷，一方面也非常擔心小婷不知去哪裡了？會不會有危險？他們內心很煎熬。阿嬤到警察局來報案時，一直掉眼淚，怪自己沒把小婷照顧好，還把小婷弄丟了，讓我看了實在很不忍心。

「阿嬤，請您先不要著急，我們會派專人去找，您先休息一下。您知道小婷平常都跟誰在一起嗎？」我想辦法從阿嬤口中詢問出知道一些線索。

「小婷常不在家，我知道她好像交了一個男朋友，但我不知道是誰？」

「好的，小婷已經離家幾天了？」

「已經好幾天了，大概三、四天了，她的手機也打不通，真的讓我很擔心。這個孩子從小父母就不管，是我一手帶大的，今天怎麼會變成這樣？」阿嬤還是止不住難過，現在會離家出走的女孩，通常來自家庭功能比較薄弱者，它們很多都是單親家庭或隔代教養。對小女孩而言，父親的角色是很重要的。

「阿嬤，別再傷心了，我們會努力找到您的孫女，您請先回家，一有消息我們就會通知您。」我請阿嬤先回去，接著立即把小婷的失蹤協尋交給專案小組。少女失蹤案永遠是警方啟動最快的偵查作為，分秒必爭地，一定要找到失蹤的小婷。

小婷到了靖哥家裡之後，才發現靖哥家裡既簡陋又雜亂。靖哥也沒什麼錢，每天都讓小婷吃泡麵，卻控制著小婷，不准她出門。靖哥警告她，如果出門就會被警察抓走；住在靖哥家裡的這段期間，靖哥打算說服小婷拍清涼性感照，希望小婷可以幫他賺錢。

「靖哥，這樣真的可以賺錢嗎？」小婷才14歲，不懂為什麼拍照可以賺錢。

「當然可以，還可以賺不少錢呢。妳長的這麼漂亮，照片一定很多人喜歡看，交給我就可以了，我一定會把妳拍得美美的。」小婷一聽可以賺錢也很開心，她離家時沒帶什麼錢出來，早就花完了。在靖哥家也不能一直白吃白住的，所以她想要賺錢給靖哥，可以報答靖哥對她的好。

• • •

從此以後，小婷開始拍私密照。照片在網路上的人氣很高，靖哥很得意。小婷賺到錢以後，對靖哥佩服不已，也更加對靖哥的話言聽計從，靖哥遂一步一步地將小婷帶往性工作的深淵。

靖哥當然也跟小婷發生了性關係，還趁機錄影，將性愛的過程拍攝成影片。慢慢地，他對待小婷的態度開始轉變了，不僅威脅小婷繼續拍攝性愛影片，還要小婷從事援交來賺錢，小婷開始覺得害怕，靖哥的態度怎麼會完全不同了。只要她不從，靖哥便立刻拿出性愛影片：

「妳最好給我小心點，如果妳亂跑或不聽話，我就把這影片散播出去。」靖哥以影片控制威脅小婷：

「靖哥，我這麼信任你，你怎麼可以這樣對我？」這時候小婷非常恐懼，不知道一向疼愛自己的靖哥，怎麼會變成一匹狼。她被控制住了，完全不敢逃。如果逃走的話，靖哥不知道會對她做出什麼樣的事情來。

「妳在我這白吃白喝，當然要幫我賺錢，我勸妳還是老實點，乖乖聽我的話，否則那些影片流出去，妳就別想做人了。」小婷聽了之後，驚嚇到大哭。小婷很絕望，不知道有誰可以來救她，加上手機也被靖哥拿走，她無法對外求救，深怕靖哥會對她不利，會傷害她。

靖哥完全控制住小婷，逼著小婷和他發生性行為，然而所拍攝的影片和照片仍不停地被他散播出去，小婷苦不堪言。阿嬤仍舊每天到警察局等消息，非要天黑了才肯回家，專案小組積極尋覓小婷的行蹤，透過偵查技巧，終於發現了靖哥的住處，向檢察官聲請搜索票及拘票，將靖哥拘提到案，也把小婷救了出來。小婷看到我們，知道她終於可以結束10幾天的驚恐歷程，乖乖地跟我們回到了警察局。

詢／問／過／程

我們通知阿公阿嬤，小婷找到了，阿嬤立刻跑到警察局來，看到小婷，一把鼻涕一把眼淚將小婷緊緊抱在懷裡，小婷也哭著喊阿嬤，這個畫面令人動容。少女被誘拐的事件不少，常常發生在她們和家人關係緊張、起衝突，而跟著外面的男朋友或朋友離家出走。外面的陷阱何其多，只要離家到男朋友或陌生人的家中，就有可能掉入陷阱，造成無法彌補的傷害，例如已經散播出去的影片或照片可能再也拿不回來，也無法下架，這是影響一生的事，但少女往往不知道事情的嚴重性，等到受害才知道為時已晚。

「好了，阿嬤，小婷已經回來了。但因為小婷未滿14歲，等一下會有社工來跟她聊聊天，評估一下她的狀況，再安排下一步，希望能保護小婷安全。」

「警官，真是謝謝妳，妳人真好，幫我把小婷找回來了。」阿嬤一直謝謝我，讓我覺得很不好意思。

「阿嬤，您不用謝，孩子不見了，我們警察比誰都緊張，一定會用盡全力，盡快把孩子找回來，所以您不用謝，這是我們應該做的。」

我看著小婷依偎在阿嬤的身旁，她似乎終於明白阿嬤才是最心疼她的人。這次的失蹤驚魂，雖說是自願的，但她畢竟未滿14歲，靖哥拐騙小婷至他的住處同居，不僅發生性行為，還拍攝性愛影片及裸照到處散布，罪大惡極，一定會受到法律的嚴厲制裁。

「小婷，阿公阿嬤非常擔心妳，妳失蹤的這幾天，阿嬤天天到警察局來等妳，每天都在哭，妳回去後，一定要好好上學，不要再讓阿嬤傷心了。在網路上的朋友，常常是以照顧妳、關心妳為誘餌，等到把妳騙出來之後，就會用很多方法控制住妳。這次他是用影片、照片來控制妳，我們也常常看到很多是用毒品來控制的，如果真是那樣，後果就更慘了。因為只要碰觸毒品，就無法逃脫了，妳一定要小心，不要再輕易被騙和離家，讓阿嬤這麼操心。」小婷點了點頭說知道了。

阿嬤挽著小婷回家了，但小婷因涉及性影帶及裸照的散布，還有事實的援交行為，雖然阿公阿嬤非常寵愛她，但能否讓小婷正常的成長，是社工得詳細評估的部分，否則難保小婷不會再被誘拐失蹤或繼續從事援交行為，希望社工可以給小婷最多的資源及保護。

我目送她們回家，看著她們的身影深有感觸。小女孩因許多原因容易在網路上被有心人士欺騙，離家出走甚至失蹤，但少女往往不知自己已墮入騙局內。警方一定會努力查緝，把少女拯救出來，但她們那麼年輕，若希望她們好好的長大，不受到任何傷害，需要家庭、社會共同來努力。

安全叮嚀

一、正值青春期的少年，徬徨與不安是必然的，他們會因同儕的邀約或慫恿，而有偏差的行為或進而從事違法的事情。青少年容易為了當下的快樂或歸屬感，而失去是非判斷能力，進而誤入歧途。故事中的小婷在學校受到同儕的影響，透過網路交友認識陌生人，殊不知網路的世界其實是深不可測的。在資訊無遠弗屆的今日，網路世代同樣隱藏著許多危機或犯罪因子，而青少年更容易受到誘惑成為誤闖網路叢林的小白兔。因此，在享受資訊便利的同時，青少年也要建立自我控制力與是非判斷能力，例如接受到同儕的邀約，應再三確認或詢問師長，才不致於有憾事發生。

二、透過網路或交友軟體認識朋友是有風險的，「援交」一詞更觸犯了法律的底線。在青少年時期的女生，很容易因為經濟上的困難或一時的分辨不清，進而間接或直接從事「援交」此一犯罪行為。而法律為了保護青少年，於《刑法》上或《兒童及少年性交易防制條例》都有相關條文規範。小婷在網路認識了陌生男子後，毫無防備地讓自己陷入陌生人的魔爪中，雖說小婷是受害者，但同時也需要為從事「援交」的犯罪行為負上刑責，因此不管網路上認識的網友約出來見面或雙方有視訊上的互動，都必須潔身自愛，並清楚了解相關的法律刑責，要知道拍攝不雅照片會帶來什麼樣的後果，以免讓自己陷入犯罪的無止盡深淵。

三、毒品是包裹著糖衣的惡魔果實，它會在無形中控制你所有的感官知覺，進而讓你成癮並濫用，最後被侵蝕殆盡。此外，毒品會衍生出許多犯罪行為，例如：為了吸毒而竊盜、恐嚇、勒索。其實還有更多我們無法想像的犯罪行為，社會新聞中充斥著為了吸毒而散盡家產、家庭失和，甚至失去理智而錯手殺人的駭人事件。類似小婷的事件，也不乏有利用毒品控制逃家少女，使她們失去判斷能力，進而控制其行為，獲取自己的私利。我們如果能在青少年成長的過程中，扮演守門人的角色，告訴他們正確的觀念，同時讓他們親眼看見那些吸毒者的結局，作為前車之鑑，相信能讓青少年在安全無虞的環境下健康成長。

四、「成長環境」亦是青少年在成長過程重要的影響之一，在此時期青少年正值建立自我概念的階段，他們會因成長環境的不同而有不一樣的自我認同，父母在此階段尤為重要。故事中小婷的父母離異，從小缺乏父母的關愛，再加上阿嬤的過於溺愛，導致小婷想要什麼，就有什麼。而獨缺的「父愛」，讓她只能向陌生人尋求，因此小婷的戀愛觀產生偏差。家庭功能是青少年融入社會或同儕團體的最大影響力，他們的價值觀是從小就被建立起來的，如果小婷能在成長階段建立正確的觀念，也許就不會誤入歧途了。

五、逃學逃家的少年（女），如何帶領他們從迷途中走回正軌？我們都知道，走偏很容易，但回到正軌卻不簡單，因此必須付出極大的心力，投入相關輔導與資源於社福機構，讓青少年能在迷途中找到一盞明燈。徬徨是必然的，但亡羊補牢，猶未晚矣。從錯誤當中學習，一切都可以從頭來過。輔導諮商、醫療機構都是良好的社會資源，找到最根本的原因並解決它，迷途羔羊定能走回正軌。

Case 12

少年ㄟ，死神就在你背後

小天最近因找了份打工，每次來回學校與工作地點覺得很不方便，又看到捷哥都騎摩托車上下學，好神氣的樣子，心裡很想要騎騎看。這天在學校碰到捷哥：

「捷哥，你下課要去哪裡？我要去打工，可不可以載我一程呢？」

「可以啊，也可以借你騎啊。試試看，我摩托車的性能很好的。」小天聽了羨慕不已，覺得如果能擁有這樣一台摩托車實在太酷了，他打工上學也會方便許多。

下課後，捷哥果然依約將摩托車借給小天，小天本來就會騎車，加上捷哥的車很酷炫，是時下年輕人最喜歡的款式及顏色。小天很興奮今天有車可以騎去打工。他載著捷哥馳騁在街道上，一路呼嘯而過，穿梭在大街小巷中，那種追著速度的感覺讓小天深深著迷。

「如何？我這部摩托車很讚吧？」捷哥臉上滿是驕傲的表情。

「對啊，捷哥，這台車是誰買給你的啊？」小天也很想擁有一台摩托車。

「我爸媽不肯買給我，所以我就自己打工賺錢，自己買給自己，爸媽也沒輒。」捷哥得意的說是靠自己能力買來的車。

「那要打工打多久才能賺到買摩托車的錢啊？」小天一臉挫折，想到他現在打工一個月才幾千元，還要負擔生活費，家裡根本不可能幫他買車。

「有種打工賺錢非常快，沒多久就可以賺到買摩托車的錢了，我就是這樣賺錢的。」捷哥和小天分享自己的打工賺錢經驗，並且保證可以輕輕鬆鬆地賺入一筆大錢。

「我最近在便利超商打工，一個小時才1百多塊，工作又辛苦，真的有什麼賺錢快又輕鬆的方式嗎？」小天眼睛為之一亮，如果有可以賺大錢又輕鬆的打工，就可以實現他買車的欲望了，他一定要試試看。

「捷哥，你可以介紹我去嗎？」小天拜託捷哥幫忙。

「沒問題，我跟我的老闆說一聲，再介紹你去工作。」捷哥很高興又可以幫老闆多拉一個人來當車手了。

「捷哥，可以先說一下工作內容是什麼嗎？」小天好奇的問著。

「很簡單，就是要你去幫忙收包裹或提個款而已，但每次都可以賺個幾千塊，很快地你就可以買摩托車了。」

「真的嗎？真是太感謝捷哥了，我想越快開始越好。」小天心裡很激動，想到可以靠自己打工賺錢，不用求爸媽就覺得開心。

・・・

後來小天在捷哥的介紹下，開始和捷哥一起領包裹賺錢，成為一位少年詐欺車手。小天很快地賺到購買摩托車的錢，回家跟媽媽說：

「媽，我已經賺到買摩托車的錢了，但現在要有媽媽的證件才可以購買。媽媽，您可以幫我嗎？」小天企圖說服媽媽。

「你買摩托車做什麼？你又沒有駕照，不行。」媽媽還是反對。

「可是我們家住這麼遠，我還要打工，沒有車真的不方便嘛。我很多同學都有車啊，況且錢都是我自己賺的，我又沒有拿您的錢。媽媽，您就給我買嘛！」媽媽拗不過小天的哀求，只好依從小天的心意。小天高興極了，覺得他的地位瞬間提升了，他晉升成有車階級了呢。小天騎著摩托車在街上呼嘯而過，這種感覺實在太好了，於是小天開始了無照駕駛的日子。

有了摩托車之後，小天的日子改變了，許多同學開始喜歡和他一起玩，個個想要搭乘他的車，還有很多女同學想要和他做朋友，以前小天想交女朋友，但根本都沒有人搭理他；現在有車就有女孩子主動與他搭訕。這天，班上的姿姿看到小天要騎車離開，立即跑上前跟小天說：

「小天，我要去補習班上課，時間快來不及了，你可不可以載我一程？」小天喜歡姿姿很久了，只是平常姿姿都不太搭理他，所以他也不太敢找姿姿，今天姿姿竟然主動找他，想搭便車，真是令小天高興極了，沒想到這車居然讓他交到女朋友了。

「姿姿，妳要去哪裡？我帶妳去吧，快坐上來！」姿姿坐上了小天的車，小天頓時有一種幸福的感覺。路上為了要耍酷，一路狂飆，超速蛇行，飛快的把姿姿送到補習班。小天準時將姿姿送達補習班，姿姿很感謝小天，也因此對他有了好感。

「以後如果妳要去補習或下課想要去哪，我都可以送妳喔。」小天心想，有了摩托車就可以順利地交到女朋友了。

「好啊，以後再麻煩你了。」姿姿說完就轉身進入補習班，留下心裡喜滋滋的小天在原地得意的笑。

• • •

自此，小天每天騎著摩托車上下學，也不去便利超商打工了，因為跟著捷哥打工賺錢又快又多，有了摩托車加上有了錢之後，小天的物欲更強烈了；又因交了女朋友，為了要討好姿姿，更常買禮物送她，帶著她吃飯玩樂，日子過得非常愜意。當車手賺錢快，完全可以滿足小天對金錢的需求，完全沒有警覺自己已經一步一步地走向罪惡的深淵。

「小天，你搞什麼？竟然連續收到兩張超速罰單？這是怎麼回事？」小天的媽媽非常生氣，超速罰單一張1千6百元，兩張就3千2百元。沒想到小天竟然說：

「媽，不用緊張啦，反正我也沒有駕照，罰單不用繳沒關係啦，我同學也都沒繳啊，還不是沒有怎麼樣？」小天跟媽媽說，罰單可以不理會。

「是這樣嗎？不用繳嗎？」媽媽半信半疑。

「對啦，況且是我騎的，又不是媽媽騎的。」小天聽朋友同學說，罰單不繳也不會怎麼樣，就叫媽媽別理會。不過，媽媽也是真的沒有錢可以繳，索性放著不管。

小天成為有車階級之後，常跟同樣有車的同學一起在路上騎快車，爭先搶快，甚至與汽車爭道，險象環生，小天完全沒有意識到危險的存在，遇到警察就立即竄到巷子裡躲藏，如果運氣不好被警察攔下，就拿出身分證給警察看：

「王小天你才16歲，無照駕駛，還闖紅燈，這樣很危險，你知不知道？」這天因為騎車速度太快，加上闖紅燈，未料警察就在路口將他攔下，小天只好拿出身分證給警察，這就是少年間所稱的「騎身分證」。小天沒敢說話，任由警察處置。

「因為你未成年，無照駕駛罰單一張6千元，你現在不能再騎車了，我們會通知車主來將車領回，希望你以後不要再無照駕駛了，真的很危險，而且罰單很重，不要增加家人的負擔。」交通警察告誡小天之後，就把小天的車扣走了。

車被扣走之後，小天覺得沒車很不方便，現在要他再去搭公車或騎腳踏車已是不可能的了。

車被警查扣留之後，只能由車主媽媽去領回。小天去拜託媽媽，卻被媽媽臭罵一頓，還不准他再騎車。小天慶幸媽媽沒有收回鑰匙，於是乎仍每天騎著車在外面玩，罰單也一張張的累積。小天發現，有車可騎之後，以前不太搭理他的女生都會自己靠過來，也交了姿姿這個漂亮的女朋友；不只如此，在同學之間似乎也顯得更厲害了，以前沒有交集的同學也會經常性地跟他聊有關摩托車的事情。儘管小天一直被開單，如違規停車、逆向行駛、未戴安全帽、超速、闖紅燈、無照駕駛等，都不能阻止小天的偏差行為。對小天來說，有車可以讓他備受矚目，可以有成就感，也能讓他自在方便，這些都足以使小天忘卻被開罰單的厭惡感。

・・・

這一天小天又被警察攔下來。他載著女朋友出去玩，還是一樣想要耍帥、威風，在街上迎風奔馳，闖過一個黃燈，又闖過一個紅燈，正當他暗自竊喜沒有遇上警察時，兩名騎著摩托車的警察緊跟上來將他和女朋友攔住，警察查了一下身分證就知道小天是無照駕駛了。因此，這次小天的車又被扣留，且被開了兩張罰單。小天覺得丟臉死了，在女朋友面前丟臉，心情很懊惱。把女朋友送回去之後，就約朋友到附近超商聊天。

小天想問同學都是怎麼避開警察開單的：

「今天我的車又被扣了，還被開了許多罰單，現在都不知道已經累積多少張了，真的沒有關係嗎？」小天心情有點煩躁，心情低落。

「沒關係啦，不要管它，不會怎麼樣。」同學看小天心情不好，就相約一起去「跑山」。

「可是我現在沒車耶。」

「沒問題啦，我幫你借一部，先騎再說。」同學熱心的幫小天借車。

所謂的跑山，就是去山裡有彎道的地方，快速行駛，每個過彎處都要壓車耍帥，是許多有車的少年喜歡的活動。但跑山非常危險，一年至少有七、八千名少年因車禍受傷或死亡。少年無照駕駛確實是偏差行為的開始，少年往往要為此付出慘痛的代價。

一群人來到跑山的地點，油門催得很急，個個準備大展伸手。小天和同學開始在山區的道路上奔跑，沿路還有許多汽車穿梭其間，如果幸運的話，還能獲得「追焦照（指拍出背景模糊且呈現流動感的作品）」一張，小天他們都覺得這樣的生活才叫帥氣！

小天他們一路在山裡面壓車轉彎，讓許多汽車駕駛人十分頭疼，得小心地閃避機車的蛇行壓車。就在一個彎道地方，因對向來車車速也飛快，跨越了雙白線，小天一時來不及躲避迎面撞上，就這樣，小天被撞飛出去。

•••

等小天醒來的時候，發現自己已經躺在醫院裡了，全身多處粉碎性骨折，小命差點就沒了，媽媽在病床旁傷心的哭泣，憂心未來的日子不知該怎麼過，因為小天可能需要面臨截肢，怎麼樣都沒想到放任小天騎車的後果竟然會這麼慘重，真是後悔莫及！

小天出院後，需要進行長期的復健，再也無法跑跑跳跳了，活動受到限制。社工來看他時說：「小天，沒有駕照就騎車，你現在已經付出慘痛的代價，以後你要好好的繼續上學，把傷養好，持續復健，其他的就先不要多想了！」社工安慰媽媽及小天，只是小天好像再也無法展露出笑容。

此外，因為小天是當車手才賺到摩托車錢的，警察也循線查到小天。小天不僅身受重傷如今還是一名詐欺嫌犯，媽媽除了要繳交被催繳的10幾萬罰單之外，還要賠償小天當詐欺車手時導致被害人損失的金錢，原本家中經濟就不好，面對這麼龐大的賠款及罰單金額，媽媽簡直無法相信眼前的結果，幾近崩潰！

媽媽沒想到當時只是為了讓孩子方便，才允許他騎車，竟會造成這麼多不可收拾的後果：兒子身受重傷，又成了詐欺嫌疑犯，日後還需要面對法律的制裁，以及負擔如此龐大的賠償金額。媽媽悔不當初，如果當初堅決不讓小天買車就好了，但悔恨已來不及了……。

安全叮嚀

一、青少年在這個年紀常常會受到同儕的影響，例如若是看見朋友有的而自己沒有，就會想盡辦法去獲得（例如：摩托車、智慧型手機、電腦、衣服等等）。金錢的壓力抵擋不住心理的誘惑而去從事一些非法的工作。父母應時常關心孩子是否有生活上的需求，也並非只是一味的滿足其物欲，而是要教導孩子正確的金錢價值觀。

二、青少年在團體中會想要透過獲得同儕的注意和認同，表現出自己獨立自主、成熟的一面，但往往會使用比較偏激的方式（例如：翹課、打架、無照騎車等等）。也因為這樣的偏差行為，孩子較容易結交到有不良行為或有犯罪行為之人，進而影響後續的行為。父母如果發現孩子的行為舉止有明顯改變，應立即與孩子溝通輔導、了解他們的問題，避免孩子越陷越深，無法自拔。

三、學校與家長之間要建立良好的溝通管道，有時候家長因為忙於工作疏於對孩子的照顧，學校就扮演重要的角色，如果學校發現孩子有異常行為，應立即告知家長，避免孩子越走越偏。學校、家長、孩子應共同溝通、討論解決的辦法，進而將孩子導向正確的方向。

四、家長在閒暇之餘可以參加學校或是社區所舉辦之親職講座與活動，吸收親職管教的新知，學習正確的管教方式，並且多鼓勵與肯定孩子的表現，增加孩子正向的經驗，讓親子之間培養出一個良好的相處模式。

五、若孩子真的觸犯法律，家長應避免使用責備和放棄的字眼，不妨再給予孩子改過自新的機會，以「同理心」的方式，試著從孩子的角度來思考，為什麼孩子會有這樣的行為？是不是家長自己也有疏忽的地方？或是孩子有什麼需求？父母是孩子永遠的避風港，讓孩子知道父母永遠都與他站在同一邊，給予鼓勵和支持。

六、父母應告知孩子無照駕駛是必須負上法律責任的，並不是罰單不去繳就不會有後續的問題，且父母也會有相關的法律責任。依據《道路交通管理處罰條例》第21條規定，駕駛人未領有駕駛執照而駕駛小型車或機車，將負擔以下罰則：

1. 處以新台幣6千以上1萬2千以下的罰鍰，且當場扣車禁止駕駛。
2. 未成年人（駕駛人）及其法定代理人或監護人，要一同參加道路交通安全講習。
3. 未滿18歲之人因無照駕駛被警方開單者，應在到案日30天內繳交罰款，未繳交罰款時，成年後將無法報考汽機車駕照，需待欠款繳清、參加道路交通安全講習後，始有資格報考。

4. 駕駛人如因為無照駕駛而導致他人受傷或死亡，除觸犯《刑法》「過失傷害」、「過失致死」等罪責外，根據《道路交通管理處罰條例》並加重刑度二分之一。

七、若孩子無照駕駛，家長和學校可以藉此機會教導孩子無照駕駛可能帶來的嚴重後果，協助孩子以正向活動展現自己的成熟與獨立，使孩子能夠建立穩定的自我價值觀，並在未來獲得駕照後，成為安全駕駛者，減少社會風險。

Case
13

不要錢的東西最貴

明靜是國中的孩子，從小父母離異，被阿嬤帶在身邊。只是阿嬤自己都三餐不濟了，根本無法供應明靜正常的三餐，常常讓明靜餓肚子。

「明明，妳想吃什麼？阿嬤去做給妳吃。」晚上八點了，明靜還沒吃飯。

「阿嬤妳又要煮泡麵嗎？天天吃泡麵，我都吃膩了。」明靜無奈的說，這幾個月來不是吃泡麵，就是吃白飯配醬瓜。但阿嬤靠著打零工養大明靜，的確很不容易呢。

「明明，阿嬤也想給妳吃好的，但是妳爸媽都沒有給阿嬤錢，阿嬤真的很對不起你。」阿嬤感到很傷心，自己女兒離婚之後，就把外孫女帶回來，交給她照顧，自己到外地工作，卻沒有給她任何撫養外孫女的生活費。阿嬤感嘆萬分，覺得生活實在很辛苦。

「沒關係啦，阿嬤，我自己到外面去吃。」說完就自己跑出去了，不理阿嬤在身後一直喊叫她。但她心想：自己身上根本沒錢，能出去吃什麼呢。

明靜來到超商，在裡面坐一會兒，看到許多人正吃著熱騰騰的食物，覺得肚子更餓了，於是拿了一個便當，並趁沒有人留意的時候，快步離開超商。明靜拿了東西之後，到公園大口吃著。這是明靜第一次偷東西，她發現好像也沒什麼大不了的，不僅不會被人發現，又可以填飽肚子，便心滿意足地回家了。

「明明，妳到哪裡去了？怎麼這麼晚才回來？妳要不要吃點東西？」阿嬤仍等著明靜回家，心想也真是對不起這個孩子，實在沒有辦法給她一個好的生活環境，也沒有辦法給她零用錢，加上自己年紀大了，實在深感無奈。

後來，明靜又有幾次到超商及賣場偷取可以溫飽的食物，不只如此，在學校裡偶爾也會偷竊同學的東西來滿足自己的欠缺。因著她偷的東西都是日常生活用品，不是太貴重的物品，同學們並沒有發覺，加上明靜偷竊的技術越來越好，不僅可以滿足自己的需要，有時候還會多偷一點食物拿回家給阿嬤吃。

「明明，這些東西妳都是去哪裡拿的？妳怎麼會有錢啊？」慢慢地，阿嬤開始發現不對勁了，但明靜說：

「阿嬤，我有去打工賺錢，您不用擔心啦！」明靜說謊騙了阿嬤，她不想阿嬤擔心。

直到有一天，明靜再一次到超商偷便當，正當她踏出店門口前，被眼尖的店員當場抓到，立刻報警處理，於是被帶到警察局。

我一眼看到明靜，覺得她應該是一個很好的女孩，我問她說：

「為什麼要偷東西呢？」

「我只是想要吃飽而已。」當明靜這樣說的時候，阿嬤淚如雨下，一直怪罪都是自己沒有能力，才會導致明靜去偷東西。我在旁於心不忍，但仍要告訴明靜偷東西會有什麼後果。

「明靜，雖然妳是因為要吃飽才偷東西，但這就是竊盜行為，是要負上法律責任的。而且當妳偷竊成為習慣之後，將會造成更大的不良後果。到了少年法庭，法官及保護官將會幫助妳改善不良的偷竊行為。也請阿嬤不用太擔心，我們還有少輔會的社工，會幫助妳們連結社會資源，解決妳們的困難。」

明靜這個案後來交由少輔會的社工輔導，陪同明靜上法庭。找到可以幫助她們的資源，相信明靜會改過的。

小天是個高中生，個頭小且有過動的傾向。小時候跟著媽媽收破銅爛鐵賣錢，後來也會收別人不要的腳踏車去賣。雖然小天有身心過動的情形，但有個天生的技能，就是能解開所有的鎖。當他開始對腳踏車有興趣的時候，就試著去解開車上的鎖，沒想到輕而易舉地就將鎖打開了，於是他開始偷半新的腳踏車並騎到學校。

因有身心問題，小天情緒起伏比較大，常常會跟同學發生衝突。志平常為小天出頭說話，在學校也會保護小天，讓小天感覺到似乎只有志平才是他的好朋友。志平常看到小天經常變換不同的腳踏車來學校，覺得很奇怪：

「我看你常騎腳踏車上學，但經常都是不同的腳踏車，你們家怎麼會有那麼多部腳踏車啊？」

「我家哪裡有錢買那麼多部腳踏車。」小天笑著跟志平說。志平在學校常常幫著他，所以有什麼事情或有什麼話都會老實告訴志平說。

「那你怎麼會有那麼多部腳踏車？」

「我告訴你，你別跟其他人說喔。其實是我偷來的，騎一陣子就會把它丟掉了。」

「你是怎麼偷的呢？」志平沒想到小天竟會偷腳踏車。現在的腳踏車都很高級，車主也會用防盜性質很好的鎖將車鎖上，小天怎麼可能偷得到呢？

「你能解開鎖嗎？」志平好奇的問。

「很簡單啊，我都可以將它們解開喔。」小天有點得意地說著。

「哇！不知道你有這個本事耶，那下次你可不可以也幫我開鎖呢？」志平心想，靠著小天的解鎖專長，說不定就可以幫他偷幾部腳踏車去賣，這下子他肯定能賺到不少的錢。

「志平，你是學校裡最幫我的人，如果你有需要開鎖的話，我一定會幫你的。」

「我們真是好哥兒們。」志平心懷不軌，只是想要利用小天的技能來賺錢。

就這樣，志平開始帶著小天到處偷腳踏車，並且將車變賣。只是變賣的所得大部分都是志平拿走，僅給小天部分的錢。志平欺哄小天，只是請他幫幫忙解鎖罷了。小天沒有和志平計較，因為這個解鎖的技能，不僅可以得到志平的讚賞，也可以獲得一些金錢，減輕媽媽的辛苦。

詢／問／過／程

直到有一天，我們因被害人報案，透過錄影監視器追查到了小天。在監視器裡我們看到小天解鎖並把腳踏車騎走，於是通知小天和媽媽到警察局來了解情況。那天媽媽帶著小天一起來到警局，不同於媽媽一臉慌張的神情，小天一副無所謂的樣子。我開門見山的問：

「小天，從錄影監視器當中，看到你在偷腳踏車，並且把它騎走了，後來呢？腳踏車去哪了？」

「我把腳踏車交給同學志平了。」我想那應該是有同夥。

「他是誰？你跟他一起偷的嗎？」

「是我同學，他都會告訴我要去哪裡偷，我偷完之後再騎去給他。」小天有點害怕了，加上媽媽心裡非常擔心，不知小天闖了什麼禍。我接著問：

「每次都是你和同學一起偷的嗎？」

「是啊，每次他都會跟我說要偷哪一部腳踏車，然後我就去幫他解鎖。」小天真的以為，他只不過是幫志平解鎖而已，不會有什麼大問題。

「警官，我兒子一定是被人利用了。平常我兒子都會跟我去收破銅爛鐵，怎麼會去偷人家的腳踏車呢？」看來媽媽完全不知道小天有解鎖的能力。

事後我們通知了志平來詢問案情，問他是否跟著小天一起偷腳踏車？他竟說：

「偷的人都是小天，我並沒有參與偷竊。」果然志平把偷腳踏車的事情全部推給了小天，畢竟是小天解鎖，也是小天把車騎走的。

「但如果你有指使小天偷東西，你還是有教唆犯罪的嫌疑。」我跟志平說明事實，儘管他只是利用小天犯案，利用小天在學校的弱勢，但兩人仍是偷竊的共犯。像這類案件也常在青少年間發生。

安安是家境很好的學生，爸爸媽媽努力工作賺錢，給安安足夠的零用錢，卻沒留意安安的偏差觀念。在學校，安安經常和一群喜歡名牌服飾的同學們玩樂。她們常到百貨公司逛街購物，看到喜歡的衣服會一起在店裡挑選。這天她們下課之後又去逛百貨公司，安安跟同學說：

「來試試看我們的本事如何？」安安提議偷走店裡的名牌服飾。

「好像很好玩的樣子，要怎麼做呢？我們來試試看吧。」同學們彼此覺得有趣，決定聽從安安的指揮，由她進入試衣間試穿衣服，並趁機穿走，幾個同學負責掩護。說好之後，大家就在店裡分頭進行。

安安拿起一件喜歡的衣服進入試衣間，有的同學假裝在試衣間外等待試衣，並和試衣間外的服務人員聊天。有的故意去找其他店員詢問衣服的相關事情，讓店員沒有時間注意到安安，為安安做好掩護工作。接下來，安安就趁店員沒時間注意的時候，成功的把衣服穿走了。

當安安成功地偷走一件名牌衣服，並和同學安全地離開服飾店之後，她感覺特別地有成就感，同學們也覺得好玩有趣極了。安安不喜歡上學，功課也不好，但偷名牌的衣服，讓她可以免費地穿名牌的衣服，加上有同學的掩護，根本不怕被抓，讓她特別興奮，覺得自己簡直太厲害了，亦可在同儕中找到成就感。

詢／問／過／程

但是東西偷久了，最終還是會被抓到的。這天，安安又打算在試衣間裡將衣服穿走的時候，被店員發現當場報了警。安安被帶回警察局，還是由我負責辦理，我先通知安安的爸媽到警察局來。爸媽趕到警局的時候覺得不可置信，不敢相信自己乖巧的女兒竟會去百貨公司偷名牌衣服！平常又沒少給她零用錢，想要的東西也會盡量地滿足她，為什麼還要去偷東西呢？我問安安：

「為什麼想要偷衣服呢？妳缺衣服嗎？」我好聲好氣地問著安安。

「我只是覺得好玩，偷完之後有成就感而已。」安安不是因為沒能力買衣服，而是愛上了偷到東西的成就感，這真是錯誤的方式。

「但這是竊盜罪，將來會送少年法庭辦理，妳爸媽的經濟能力還不錯，妳想要成就感千萬不要用犯罪的方法來獲得，妳可以找其他的興趣，如果繼續偷衣服，可能得付出一生的代價了。」我慢慢地說給安安聽，希望她能明白用偷竊換取成就感的想法是錯誤的，當然也提醒爸媽。

「請爸媽不要再責備安安了，雖然爸媽很難接受，但事實畢竟還是事實，請爸媽以後多留意自己的孩子，幫助孩子了解自己的需要，陪伴是相當重要的！」爸媽聽完之後，直說是自己的疏忽；我對他們說一切都還來得及，千萬不要放棄希望。

竊盜犯罪是青少年常見的犯罪行為，且大多數都是順手牽羊的案件。因為它們一方面能滿足青少年想追求的刺激感，另一方面又能達成不勞而獲的虛榮心。卻忽略了「不要錢的東西往往才是最貴的」，所要付出的法律代價遠遠超出物品本身的價值，如何幫助有偷竊習性的孩子改善其行為，是我們共同努力達成的目標。

一、家中小孩若有偷竊行為，會發現其家長常常不清楚孩子平時在做些什麼，加上無法長時間監督孩子的行為，對於違法行為未能即時予以強化，例如：當孩子在進行觸犯法律情事時，家長沒有立刻制止，容易讓孩子有錯誤的觀念，誤以為這些觸法事情是可以被允許的行為。

二、家長在家中需要清楚說明家庭規範，對於孩子的違規行為，給予合理、理智的處罰，讓孩子知道哪些行為是不能也不該進行的。

三、家長可以時常注意孩子身上或書包裡面是否有來路不明的現金、手機、腳踏車鑰匙、機車鑰匙或貴重物品等，發現後立即追問其來源，並與學校老師密切聯繫，注意在校的言行舉止。

四、如何防制自己的小孩變成竊盜的受害人？

1. 身上不應有太多現金。
2. 養成錢財不露白的習慣。
3. 對自己的物品妥為保管，如手機不離身、腳踏車一定上鎖等。
4. 被竊時要告訴老師、家長或報警，使歹徒無處遁形。

五、若要教導孩子不從事暴力、偷竊及詐欺行為，父母親必須：

1. **關注孩子；**
2. **監督了解孩子的行為；**
3. **當偏差行為發生時，承認它的存在；**
4. **矯正孩子的偏差或犯罪行為。**

在這個模式裡，父母親最需要是對孩子真誠的關心付出，並投入時間。因為關心孩子的父母親將會認真去監督、了解孩子的行為，也會對其不良行為加以糾正。

六、親子互動關係是需要學習的，家長可以運用傾聽技巧，試著理解孩子的想法、感受和行為，有耐心的傾聽，讓孩子感受到被家長接納，取得彼此的信任關係。

七、建立孩子的自尊與自信，對孩子的努力與能力可以明確地表達，鼓勵他（她），並提供孩子做決定的機會，肯定並協助他們處理其能力所及的事；同時留意孩子的進步與成長，並激勵其勇於表達與嘗試，傳遞對他的信心，幫助孩子從錯誤中學習，因應未來。

八、家長必須清楚明確的設定界線：

第一步：指出想法與感受；

第二步：陳述行為限制；

第三步：提供其他可行之道。

不要語言刻薄或行為暴力讓孩子覺得自己被否定，應該讓他（她）單純知道只是對他此次行為的不認同，同時應定出合理的規範及限制，提供孩子另外可行的選擇。

Case 14

令人沉迷的網路職籃簽賭

城城是高中一年級的學生，平時對運動賽事非常感興趣，經常在學校和同學談論美國職籃比賽的輸贏，也對運動球員的狀況瞭若指掌。這天放學後城城來到撞球間，一邊和同學打撞球，一邊聊著今天湖人對熱火的比賽。因為湖人季前挖腳城城最喜愛的自由球員詹姆士（LeBronJames）及戴維斯（Anthony Davis）等明星球員，詹姆士手握三枚NBA冠軍戒指——三次總決賽最有價值球員，亦被公認是NBA歷史上最強的小前鋒；而戴維斯他生涯六次入選全明星陣容、三次入選NBA年度第一隊和NBA最佳防守陣容。有這兩位明星球員助陣，城城對湖人隊今日的賽事很有信心，他跟同學們打賭：

「你們看著吧，今天湖人一定會打爆熱火。湖人的小前鋒詹姆士、大前鋒戴維斯最近表現特好，一定會聯手撕裂對方禁區。哼，熱火隊相形之下氣勢就弱爆了，近期客場已經吞下五連敗了，今天又是在湖人主場出賽，湖人贏的機率絕對相當高。」城城信誓旦旦的說著，一副很有信心的樣子，同學們說：

「我看不一定，熱火也蠻強的，湖人有可能輕敵，熱火總教練史波斯查（Erik Spoelstra）調度靈活有經驗，而且湖人要讓熱火12.5分等於要贏13分以上才算贏，這樣追分可是非常辛苦的，有得拼呢，不知最後結果會如何？不一定湖人贏啦！」

「我研究湖人陣容很久了，禁區有絕對的優勢，不信你們待會看看就知道了。」城城還是對湖人抱著很大的希望。

他們一邊撞球，一邊注意賽事進行，比賽果然如城城所分析的：前半段湖人開賽手感冰冷偶有落後的情況，但中場休息過後便開始急起直追，一直到賽事後半段仍保持著極佳的投籃命中率及堅強防守，小前鋒詹姆士及大前鋒戴維斯攜手得分超過45，終場幫球隊贏了熱火隊15分，奪下這場比賽的勝利。城城非常得意的說：

「你看吧！我就說湖人隊會贏，你們不信，現在知道我對美國職籃很有研究了吧！」城城確實很喜愛觀看美國職籃（NBA）的轉播賽事，平時沒少花時間研究，對每一個球隊的實力及明星球員的得分能力更是如數家珍，儼然是美國職籃的專家了。

此時在撞球台的另一側，有一個人默默聽著城城的分析，發現城城對NBA的分析非常精準，於是靠近城城和他打招呼說：

「我是艾瑞克，很佩服你對美國職籃的研究分析，我看得出來你真的很喜歡職籃。」其實城城早就發現艾瑞克在一旁偷聽他們談話了：「是啊，我蠻喜歡看美國職籃比賽的，也很喜歡這些球員。」

「你如此有研究，又敢跟同學打賭，那你對運動彩券有沒有興趣啊？之前如果你有下注，就今天你跟同學打賭的結果來說，你現在都已經賺一大筆錢了。怎麼樣，要不要試試看自己的實力？以你這般熟悉美國職籃，贏的機會一定很高。你可以賺點零用錢喔，要不要試試看？」艾瑞克靠近城城，不斷地遊說他可以加入地下的簽賭。

「我只看過我哥玩台灣運動彩券，但因為我未成年，所以無法購買。你有在玩嗎？你都有贏嗎？可以贏多少啊？」城城心裡有很多問題，也覺得可以贏錢應該挺不錯的。

「我都有在玩，也常常贏喔。其實這個下注很簡單，多少錢都可以，你可以嘗試看看。」在艾瑞克的勸說下，城城心動了。

「那我要怎麼開始下注？」城城興奮的問著艾瑞克關於下注的事情。艾瑞克很高興又可以拉一個人進來賭，他可以抽水錢，馬上說：

「我可以馬上為你申請一個帳號，有這個帳號你就可以下注了。以你的聰明及透徹的分析，我想你一定可以贏很多錢。」艾瑞克馬上為城城申請了一個可以賭運彩的帳號，並教城城如何使用。艾瑞克告訴城城這個是信用版的下注方式，也就是頭家每星期會先給你3千元賭金的額度，供你下注使用，一週結算一次，如果結算前已經把額度輸完，就必須先付錢結清才能恢復額度繼續下注。

「你現在就可以開始玩了，祝你好運，相信很快就可以贏到更多零用錢。」城城終於擁有了自己下注的帳號，覺得新鮮有趣，對於職籃的比賽更加關注了。他在學校裡沒心思讀書聽課，整天滑手機觀看直播，注意比賽賽況，下課也不再常跟同學玩或是一起去打籃球了。城城迷戀於網路簽賭，希望可以賺取更多零用錢，滿足自己物質上的需求。

• • •

近期，同班同學觀察到城城一直手機不離身，畫面永遠都是NBA的直播賽事，情緒時有激動。加上近來出手變得闊綽，經常會請同學喝飲料、吃點心，穿著也轉變為名牌服飾，還更換了最新款的高檔手機。同學都很好奇城城怎麼會突然變得這麼有錢，於是好奇地詢問城城最近發生什麼事情？

「最近我迷上了美國職籃簽賭，可以贏很多錢，也很有趣，因為我對NBA很有研究，對每場賽事都很有信心，所以贏的機會很高。」城城娓娓道來，告訴同學有關球版（可以讓人下注體育賽事的地方）及簽賭球賽贏錢的事情。

「真的嗎？可以贏錢嗎？最近看你手頭好像多了很多錢，用的也都是好貨。」同學看城城贏錢，心開始浮動了起來。

「是啊，一開始我也沒什麼信心，但才一個月我就贏了2萬多，真的很不賴。」城城向同學炫耀著他的成果。

「可是我們對職籃又不像你那麼有研究，那麼清楚，我們要怎麼下注啊？」同學雖然也有興趣，但仍擔心自己輸錢。

「沒關係，我們可以一起玩。我可以教你們。」城城要大家不要擔心，並說下注不需要太多錢就可以玩。

「那要怎麼開始下注呢？」城城看到同學們表示真的要玩，就問同學們，

「如果你們要玩，我可以幫你們跟我大哥說，開幾個帳號給你們玩。」

「可以，那城城一定要幫我們贏錢喔。」

「當然啊，我都贏那麼多錢了。放心啦，我們一起玩一定更好玩，也會贏更多的錢。」於是城城請艾瑞克多開幾個帳號供同學下注使用，同儕間一個拉一個，城城也從中抽水錢（傭金），幾乎擴大到整個班級都在玩。

剛開始同學下注都很保守，偶爾小賺，贏一些零用錢，大家開心的不得了，覺得城城幫他們找到一個很棒的賺錢方法。這天他們又贏錢了，大家高興地約出去打撞球。

「城城你真的很厲害耶，下注的多半都贏錢，真是很強。」同學跟著城城，對職籃有了更多的認識，也更佩服城城的下注精準。

「就是要不斷的研究它們才能知道狀況，現在我老闆把我的信用額度提高到一萬元了，就表示我是有實力的。」

「提高到1萬元？這會不會賭得太大了？」同學們不可置信，想不到城城的信用額度已經達

到一萬元了。

「不會啦，這表示我的信用佳，才能得到老闆的肯定。不會有問題的。」城城胸有成竹的拍胸脯保證。

城城越賭越大，漸漸地完全沉迷於簽賭當中，在學校上課也不專心，功課越來越差，欲望也越來越大，下注金額不斷提升，從一星期數千、1萬、2萬到10萬……。可嘆的是，賭博都是一樣的。開始總能吃到一點甜頭，享受到贏錢的快樂，此時你會不斷的投注下去，等到贏得更多錢，賭金越來越高，之後每當輸錢的時候，就會不由自主的想下注更大的金額，以便翻盤。漸漸地城城開始輸錢了。

•••

「最近不知怎麼了，常輸錢，我贏的都快輸光了。」城城跟同學抱怨近日賭局很奇怪，自己已經輸了好多錢了。

「那怎麼辦？你又賭得這麼大，不要再賭了吧。」有些同學勸城城收手。

「怎麼可以，我要把輸的再贏回來，不然我不甘心。」城城不相信自己贏不回來，跟同學們保證自己一定可以再贏回來的。

賭博十賭九輸，做莊的才是最後的贏家，這金錢遊戲玩到最後一發不可收拾。城城因為輸太多錢，把爸媽給的零用錢也都花光了，還欠了5萬元的賭債。艾瑞克開始跟城城催討債務，還找人恐嚇他：如果再不還錢，將會對他不利。城城很害怕，艾瑞克的警告，加上三不五十的找人堵在校門口對他嗆聲，城城只得開始找同學借錢，一開始2千、3千的借，後來越借越多。

「你先借我5千元，我有急用，我很快就會還給你。」城城一臉憔悴的樣子。

「城城你是怎麼了？最近一直跟大家借錢。我已經借你3千了，怎麼可能還有錢再借給你？」

同學們最近都被城城鬧得不可開交，看到他萎靡不振的樣子，若不借錢給他，好像真的快瘋狂了。同學們開始害怕，不知道發生什麼事情了，加上借錢這件事也讓同學們頂不住了，都已經借他很多錢了，但卻像是無底洞似的。同學無可奈何之下，只得一起去告訴老師。老師一聽事態嚴重，趕緊通知警方處理這件棘手的校園職籃簽賭案。

詢／問／過／程

警方受理報案後，立刻傳訊城城和其他同學來了解情況。發現許多學生深陷其中，即刻成立專案小組偵辦，經過一連串的偵辦作為及調查，最終查獲這個簽賭網站。這是專門吸收青少年當下線，讓學生在校找同學一起簽賭，賭金幾百元到一萬元不等，甚至在學生欠債高達好幾萬元之後，還會被引介至地下錢莊借貸。錢坑越滾越大，等到家長或老師發覺時，早已不可收拾，債台高築。甚至當被害人付不出賭債時，就以誘拐方式將被害人押到摩鐵（Motel）或旅館房間毆打，造成少年身心受創，對少年危害至深！

我看到城城及其父母坐在偵詢室裡，正完成偵詢工作，我還是本於關心輔導的立場和城城及父母談談。

「城城，可以告訴姐姐，你現在的心情如何嗎？」城城不說話，父母在一旁一臉無奈又氣憤的表情。

「警官，像這樣的網路簽賭，讓孩子掉入其中，應該有辦法解決吧？再這樣下去，不知道還有多少孩子會受害？」父母憂心的說。

「是的，很多小孩因球版欠債，還會被人傷害或聚眾鬥毆尋仇。我們也知道這種狀況，但簽賭網站查緝不易，我們會積極努力的。但仍要請爸媽平時多了解孩子的生活情況，如果發現異常，就能提早發現，也可以及早補救。」網站簽賭常讓國、高中的少年沉迷，造成少年劇烈的身心傷害，父母如能多注意孩子的情況，或許能防範於未然。

「城城，這次就當學個教訓，『賭博』最後一定都是輸。就算不輸錢，也會輸掉你的青春。因為只要染上賭，你的生活就只關心下注的輸贏，甚至還可能惹禍上身，你的青春就輸在賭博裡了。這次還好我們查獲了，你也未受傷，一切還來得及，千萬不要再去網路上簽賭了！」城城好似明白了，雖然不說話，但我知道他心裡會好好想想的。不經一事，不長一智，少年就是這樣，變化很快，可塑性很強，經歷這件事之後也許他會懂的。

簽賭網站也常有幫派分子在其中，專門吸收學生在學校當組頭，以老鼠會的方式吸納更多學生當下線，加入簽賭國外職棒。每簽賭下注一筆，組頭就可以抽水錢，但若下游下注後繳不出錢，幫派份子就找學生組頭進行討債。暴力的方式無所不用其極，常讓學生非常痛苦，所以必須請學校和警方共同合作，及早發現校園學生的簽賭情資，共同維護青少年的校園及身心安全。

安全叮嚀

一、青少年正值身心發展階段，好奇心強，喜歡追求刺激，容易受賭博投機性的影響，而沉溺其中無法自持；加上網路時代來臨，青少年無需進入賭場，只要透過智慧型手機就能到網路平台投注玩樂，故家長平時應多注意孩子在網路方面的使用情形，及多了解孩子所瀏覽的網站與討論內容，以提供正確的資訊給孩子。

二、近來校園網路簽賭盛行，很多青少年想要為自己拚經濟，以小博大賺取生活費或是自己的零用錢，卻一步步地走向觸法與投機的陷阱，因此從小培養正確的金錢價值觀刻不容緩。

三、地下簽賭集團會利用學生在校園的人脈來吸引更多學生加入簽賭，學生初期都會被快速贏得賭金的方式所吸引，不斷投入資金簽賭。但十賭九輸，最後常因積欠龐大的賭債而被追債，事情才爆發。

四、簽賭網站自有一套遊戲方法，操盤手會在一場球賽裡開關賭盤，以分散輸贏的風險，所以簽賭站幾乎是穩賺不賠，學生要想從中賺取金錢的機率微乎其微，不可不慎。

五、賭博行為將會影響到個人生活、家庭、工作、社會關係、情感及精神健康，並對身邊的人構成情緒、家庭、法律或財務上之困擾，隨著個人失去控制，不斷進行賭博的行為，勢必造成更嚴重的後果。

六、賭博行為有其徵兆，家長可以從行為、財務及情緒來觀察孩子是否有此「徵兆」問題：

(一) 行為

1. 經常上班或上學遲到，甚至出現曠課行為。
2. 停止做以前喜歡的事情。
3. 把全副精神投注於遊戲機、賭博網站、體育賽事中。
4. 經常遺失或變賣自己的物品。
5. 一系列的異常網路通訊紀錄或加入賭博網站。
6. 講電話遮遮掩掩。
7. 改變睡眠及飲食習慣。
8. 跟別人經常有錢財上的衝突。
9. 不願意花錢在賭博以外的事情上。

10. 為賭博或是還債而有偷竊或詐欺行為。

㈡ 財務

1. 在沒有足夠解釋的情況下耗損金錢。
2. 經常向人借錢或要求預支打工薪水，甚至偷錢。
3. 多做一份工作，但經濟上卻沒有好轉。
4. 時常徘徊於一時有錢，一時近乎破產邊緣之間。
5. 有大筆不能解釋的現金，或無故擁有貴重名牌物品。
6. 家人發現貴重物品、銀行存款或錢包裡的現金經常無故消失。

㈢ 情緒

1. 迴避家人和朋友。
2. 心不在焉及焦慮。
3. 情緒變化無常，有時表現興奮及雀躍，但有時卻顯得不耐煩、急躁及失落。
4. 經常抱怨無聊，坐立難安。

七、建議家長平時多觀察了解孩子的喜好與行為，陪同他們尋求及發展正向活動，並一同參與各樣休閒活動，避免其在觀看電視或是使用網路上花太多時間，方能有效降低沉迷線上賭博之機率。

八、主動了解孩子的交友狀況，適時給予關懷及建議，教導正確的人際價值觀，以避免孩子受負向同儕的影響參與賭博，且協助孩子培養正確金錢管理及價值觀，釐清「想要」與「需要」之差別。

Case

15

難道不是兩情相悅嗎？

文華是某大學二年級的女生，思宏是她大四的學長，兩人為直屬學長學妹關係。他們在熱舞社認識，經常在社團裡一起練舞。文華在學校中一向獨來獨往，沒有什麼朋友，也還沒有男朋友。因為文華常常一個人，讓思宏覺得很特別，兩人常在熱舞社一起吃飯聊天；而學長加倍地照顧學妹，讓文華覺得非常窩心。文華是一位心思相當細膩的女孩，生性敏感，對事情的看法常與同學不同，可謂是一位很獨特的女大生。

思宏是一個外表英俊的男大生，在學校很活躍，參加許多社團，熱舞社是其中之一。加上他的功課好，能力強，在各方面的表現均相當優秀，是學校的風雲人物，很多女生喜歡他的陽光熱情。思宏是熱舞社的社長，對跳舞社的投入自是不在話下。這天下課碰巧是熱舞社的練習時間，思宏來到熱舞社，一進門就看見文華在鏡子前熱身，思宏走上前去打招呼：

「文華，吃飯了沒？今天怎麼這麼早就來了？」思宏關心的問文華。

「學長，我吃過了，下課沒事就先過來了。」

「那等一下我們一起練首舞，發表會的時候，我希望能跟妳跳支舞。」對於學長的邀約，文華內心很高興。她一直很仰慕學長，能跟學長一起練舞、跳舞，讓她有點受寵若驚，心中暗自竊喜。

「學長真的要教我跳舞嗎？如果能跟學長一起練習，一定可以進步很快。」

「沒問題的，我們先做一下暖身運動，等一下就可以開始了。」

那一天晚上，思宏真的帶著文華一起跳舞，當兩人身體靠得很近的時候，文華臉紅心跳的，帶著害羞的心情度過了美好的夜晚，一個讓文華怦然心動的夜晚！思宏沒有多大的心思，只是像平常帶學妹跳舞一般地自然，對文華的悸動絲毫不知，下課之後，身為社長的他還是吆喝大家一起到學校附近的小吃店吃東西。

•••

從那天起，文華心中常縈繞著思宏的影子，在校園裡會不斷地尋找學長的影子，希望可以看見學長；偶爾看見他時，儘管心中小鹿亂撞，仍表現出一副獨立無所謂的樣子。每個星期的熱舞社練習日，是文華最開心的夜晚了。文華偷偷地喜歡著學長，不敢讓他知道，她知道學長是風雲人物，喜歡他的女生很多，自己是何等平凡的一個女孩，沒有什麼可以讓學長喜歡的地方，但學長對她的照顧仍讓文華意亂情迷。

期中考快到了，文華的成績在班上算是中等。這一天早上又在校園裡遇見學長，文華鼓起勇氣走上前去：

「學長，真巧，在這裡碰見你。」思宏轉身看見文華，熱情的說：

「是啊，妳還好嗎？最近在忙些什麼？」思宏關心的問文華近況，讓文華覺得感動。

「最近快期中考了，有些功課我不太懂，不知道可不可以請教學長？」

「可以啊，沒問題，妳什麼時候有空？」文華心中竊喜，思宏真的答應要教她功課！

「今天晚上可以嗎？」文華覺得很高興，心情似乎都因為學長一個人點亮了起來。

「今天晚上我剛好沒事，要去哪裡教妳呢？」文華有點羞怯的說：

「可以去我家嗎？我家安靜，沒有人打擾。」

「好，你把地址發給我，幾點去比較方便？」沒想到學長竟然答應了，文華心裡興奮不已，卻沒在臉上表現出來，仍故作鎮定的說：

「那8點方便嗎？」

「好，妳在家等我，我把事情忙完就去妳家。」思宏說完轉身揮手離去，這個身影讓文華非常動心，想著晚上學長就要到家裡來教功課，心裡泛起前所未有的快樂，期待晚上趕快到來。

•••

文華在學校附近租了一間小套房，房間很小，只有一張床及一個書桌。小小的空間經過文華精心巧思布置，還點上了薰香。晚上終於到了，文華將自己打扮得漂漂亮亮地在家中等待著，當學長真的出現在家門口時，文華的心不住地怦怦跳。

「學長請快進來，家裡小，學長不要在意。」

「當然不會，這是妳愛吃的小點心。」思宏貼心地準備了點心送給文華。

這天晚上，文華將自己不會的功課都拿出來請教思宏。思宏成績原本就好，加上細心的講解讓文華更是傾心，實在很感謝學長願意來教導她。文華心中升起了無限的愛意，原來愛情就是這樣。

夜漸深了，待功課做得差不多後，學長起身坐在床上，對文華說，「吃點點心吧」。文華打開學長帶來的點心，並煮了咖啡，咖啡的香氣瀰漫在小小的房間內，讓人全然地放鬆，薰香的味道讓學長覺得特別。

「妳平常喜歡薰香嗎？」

「是的，我很喜歡香氣，喜歡自己一個人在家裡聽音樂，看看書，讓香氣陪著，也能稍稍趕走寂寞。」因為套房空間很小，所以兩人一起坐在床上，吃著小點心，文華覺得這一刻真的好浪漫！

思宏從來沒看過這樣溫柔多情的文華，連她今晚的表情也是他以前沒有見過的，有一點嬌羞，又有一點膽怯；當兩人併肩坐在一起時，兩顆心彷彿起了化學變化，有一股愛的氣流通向彼此的心。

當兩人對視的時候，思宏看見了文華眼中的愛，思宏湊上前去輕吻了文華。文華措手不及，不知如何反應，但這時思宏已經止不住了，情欲被挑起的時候，很難克制，思宏趁勢將文華推倒在床上，文華驚呼了一聲，卻不知道該怎麼辦？自己心裡雖然喜歡學長，卻不想現在就發生性行為，她推阻了學長，嘴上說著不要，仍無法阻擋學長的攻勢，在完全無準備的情況下發生性行為。

那晚以後，雖然文華當時心中是不願意的，但因為心裡早就喜歡上學長了，認定了思宏是自己的男朋友，天天期待著思宏會來找她。讓她無法明白的是，思宏卻與平常沒有什麼兩樣，在熱舞社時，思宏也不曾和她多說話，這讓拘謹細膩的文華心裡很受傷。她覺得自己為了思宏付出了最珍貴的身體，為什麼思宏好像完全不在意、一副不在乎的樣子；學長並沒有把她當成女朋友，難道對學長來說那一夜也不代表什麼嗎？這讓文華心裡很難接受，她平日又沒什麼朋友，不知道如何排解內心的難過和疑問，只覺得內心像在滴血一般！

這天文華像失了魂似的走在校園裡，遠遠地就看見學長牽著一個女生的手，有說有笑的迎面走來，文華不敢置信，看到學長和那位女生親密談話的樣子，直覺他們的關係一定不是普通朋友。文華心中升起一股怒氣，「學長原來騙了我！」又過了一些時間，學長對文華的態度仍舊沒有任何改變，好像那天發生的事學長全忘了，她不明白學長面對感情怎麼可以如此不負責任？經過幾天痛苦的思量後，文華越想越不甘心，決定要讓學長知道他做錯了。

文華告訴學校輔導室的老師：「學長性侵她」，並由學校老師陪同至警察局報案。

「妳是文華，今天到這兒來，有什麼需要我們幫助的嗎？」雖然我知道到這裡來的女孩大概都是在感情中受到很重的傷，才會到這尋求幫助，每一個女孩身上都有一個令人心酸的故事。

「我覺得自己很笨，怎麼會相信這種人的感情？」文華心仍憤憤不平。

「怎麼回事？可以說給我聽嗎？我看看如何幫助妳。」想必又是一個感情的故事。

「他是我的學長，在學校裡很多人都認識他。他很令人喜歡，我們是在熱舞社裡認識的，我一直都喜歡他，但他可能並不清楚。」看來是由一段單戀開始的故事。

「請繼續慢慢說，後來發生了什麼事？」文華停頓了一會兒不說話，可能是在考慮要不要繼續下去，內心有些掙扎吧！我看到她猶豫的樣子，想先等她平復了再說。

「妳決定要繼續說嗎？我可以等妳。」文華抬起頭來。

「學長的行為讓我很氣憤又無法忍受，我必須要告他，讓他知道他這樣做是錯的。」

「好的，那請妳說一下當天的狀況。」

「那天晚上，我請學長到我家來教我功課，但我並沒有同意他可以做那件事，他那樣對我，讓我很痛苦。」我心中納悶，本來是很好的學長學妹關係，後來怎麼會演變成性侵情事，我讓文華繼續說下去：

「功課做完已經快11點了，我們兩人坐在床上聊天、吃點心，雖然我心儀學長很久，但我仍沒想到做愛那件事。當晚學長先親我，然後把我推倒在床上，和我發生了性關係。」

「請問當晚發生性行為，是經過妳同意的嗎？妳有沒有拒絕學長？」文華低頭不語，好像陷入沉思。

「文華，這點很重要，妳現在要告學長性侵，首先要確定的是當晚是不是出於妳自己的意願而做了那件事？」我向文華說明她必須要回答這個問題，才能繼續往下進行。

「警官，我內心沒有想要做這件事，但是學長他很衝動，我有掙扎，也有說不要，但他沒有停止，讓我無法抗拒，這樣不是性侵嗎？」《刑法》妨害性自主罪第221條規定，對於男女以強暴、脅迫、恐嚇、催眠術或「其他」違反其意願之方式而為性交者。文華心中不願意，也有意思表達拒絕，只要不是出於自願，都有可能成立性侵害案件。

「好的，我了解了，你有拒絕並且有表示不要，但學長仍然沒有停止做那件事，是嗎？」我認真的詢問文華，希望她能想明白。

「是的，警官，我覺得學長太過分了，完全不把這事放在心上。那晚以後，他就沒有再找過我了，他把我當成什麼了？覺得我是可以隨便欺負的嗎？我絕對不能容忍這種事。」文華說完之後，我請她先回去好好休息，案件已受理完成。我請她放寬心，學業還是要繼續，別太擔心這件事了。回到學校以後要好好照顧自己，也請老師多注意文華的情緒，找同學陪伴文華，多關心文華，因為她一個人租屋在外，比較沒有情緒的出口，這時更需要老師、同學的陪伴，幫助文華度過這段難熬的時光。

．．．

這件大學生可能性侵案件，還是必須請學長思宏到案說明一下，約定的時間到了，我看見一個穿著帥氣的大男孩走進辦公室。他一個人來，沒有人陪同，看來相當有自信，我詢問了姓名，確認他就是思宏，然後開始詢問了解狀況。

「思宏你好，你知道今天為什麼請你來嗎？」思宏仍然不解。

「我真的不知道發生什麼事了？請警官說明。」

「是這樣的，你認識文華吧？她說你性侵她，要對你提告。」思宏聽了之後，笑了起來，一副無所謂的樣子。

「不會吧?是她喜歡我的，我從來沒有說過我喜歡她啊！」

「但你們有發生性關係，對嗎？」

「是的，我們曾發生過一次性關係，但那天是兩情相悅的，我沒有強迫她，怎麼會是我性侵她呢？」思宏無法理解那天明明是她要的，怎麼會變成性侵了。

「你如何確定是她要的？」

「她邀請我去她家，不就是在暗示我了嗎?那天我們坐在床上很自然的發生那件事，我不覺得她不願意啊！」思宏還是認為那天是出自於文華的意願。

「她邀請你去她家跟發生性行為應該是兩回事，不能證明文華願意和你發生性行為，你又如何確定文華是出於自願呢?她有沒有拒絕你？」

「我們都是成年人了，對自己的行為可以負責，我知道當天文華應該也是很喜歡的，我沒有聽到她拒絕或表示不願意，我沒有性侵她。」思宏還是極力為自己辯白。

「但是你將文華推倒在床上的，對嗎？」這點很重要「是誰先開始的？」

「因為房間很小，我們是坐在床上，然後自然躺下的，我沒有推她。」

「但是你們的確發生了性行為，文華表示她有明白拒絕，你的動作使她無法抗拒。」我向思宏提出文華有明確的意思表達。

「不是這樣的，警官妳要相信我，那天我真的不知道她不願意。」我試著讓思宏回想整個過程。

「但根據文華的陳述，她覺得當晚是你主動，且你在很衝動的情況下強壓她發生性行為，如果是這樣，你可能就違反她的意願了。依照目前法律上的規定，是很尊重女性的，如果你沒有取得女性的同意，在違反其意願之下發生性行為，就有可能是性侵害案件，且性侵害案件是公訴罪，不是告訴乃論。」我詳細說明了性侵害的意涵，思宏聽完之後非常震驚害怕，不知道後果怎麼會這麼嚴重，但仍堅持他沒有性侵文華：

「警官，我確信當天我們是在兩情相悅下做完那件事，且雙方應該都很滿意，事後文華也沒有表示什麼。我想一定是文華誤會了，希望警官能再查明事實真相。」

「有關《刑法》妨害性自主罪章的條文，是站在保護女性的立場，為保障女性不受傷害，從事性行為必須在女性完全自主同意的情況下，才不會違反法律規定。」我再次向思宏說明，但像這種情況：男生認為是兩情相悅，而女生認為違反其意願的性侵案件，將有很大的辯證空間，案子仍會移送地檢署由檢察官調查偵辦。

兩性相處最重要的是尊重對方的意願，並且充分了解對方的意思表達，為避免誤解造成傷害或讓自己陷入官司的最好辦法，就是當男性要對女性做什麼親密動作之前，都必須認真詢問對方是否願意？譬如，要吻女生的時候可以深情款款的問她：「我可以吻妳嗎？」要愛撫的時候要問：「我可以嗎？」真的要發生性行為的時候，男生更要記得問：「親愛的，今晚可以讓我愛妳嗎？」如果你問之後，女生都回答：「可以，沒問題」，或者當你問完之時，她就點頭了，這就代表她完全打從心底同意，既尊重了她的意願，也可避免因誤解了她內心的意願，而成為性侵的被告；「先問再做」是保護對方，也是保護自己最好的方式。

這起大學生性侵害案件，到檢察官那裡最後結果如何？還要看雙方在法庭上的論述及二人後來的互動情形來決定。但是無論如何，愛一個人就不要去猜她的心思，至於二人有沒有辦法成為男女朋友還要看緣分，不要理所當然的認為是兩情相悅。性愛是美好的，但如果不慎還是會造成嚴重後果。

安全叮嚀

一、《刑法》第221條所稱「違反其意願之方法」，並不以被害人於遭受侵害時曾否有喊叫、以肢體抗拒，或其身體有無受傷、衣物是否遭撕毀等為必要，只要被害人客觀行為有「掙扎」等足以表示被害人主觀不是出於自願，都有可能成立性侵害案件。

二、性侵害犯罪具隱密性，又稱為「密室犯罪」，通常僅有被告及被害人在場，易形成各說各話的局面，物證蒐集成為判刑與否的關鍵，除了身體跡證外，兩造雙方的通訊軟體對話紀錄也是一項重要證物，應完整保存。

三、男生有時候覺得問對方願不願意很煞風景，但現在時代不同了，法律的規範也不一樣，要顯示出尊重女性的原則，就要先開口問她。當你問的時候，女生會知道你是尊重她並充分在乎她的。相信嗎？當男人懂得如何問自己心愛的女人的時候，這時候的男人對女人來說可是充滿紳士的魅力，女人會覺得自己倍受疼愛，這時候的性愛才會美好而安全。

Case
16

把我的愛情還給我

網路是我們每日都需使用的，在網路上我們能夠立即得到許多知識，網路也把人與人之間的距離拉近了，不管是天涯還是海角，對方都可近在眼前地在螢幕的另一端和你聊天，陪伴你。當然網路的便利也給有心人帶來犯罪的機會，運用人性的弱點進行詐騙之事實，其中有一項與「愛情」有關，但是每發生這樣的案例，聽被害者陳述時，我都會覺得心酸，因為每個人都不希望孤單，當螢幕前的那個人是那麼溫暖時，妳的心怎麼可能不因此感動呢。

宜萍52歲，是一家企業公司的主管，單身未婚，平常忙於工作，愛好旅行，典型的單身貴族。她長年一人獨居在外，晚上下班回家，藉由追劇打發無聊的時間，假日一個人也時常感到孤單寂寞，雖然已到中年，但對愛情仍有渴望，希望在後半輩子，能找到一個肯疼愛自己，陪伴自己的人。

今天假日睡得晚，起來時打開臉書，看到一個交友邀請，照片中的中年男子有著英俊的臉龐，淺淺的微笑，看起來是位挺舒服的人，她沒有想太多，就同意了他的邀請，他幾乎是立刻回應：

「妳好嗎？很高興認識妳。」今天是假日，因為沒什麼事情要忙，索性與他聊一會天，以排遣寂寞。

「嗨！我也很高興認識你。你叫傑克嗎？」

「是啊，妳的照片很漂亮，我能跟妳做朋友嗎？」

「你在哪裡？為什麼想跟我做朋友呢？」宜萍半信半疑，但覺得有趣。

「我住在倫敦，我看了一些妳的資料，覺得我們兩個人應該可以多認識彼此一些。」對方很有心的把宜萍的檔案資料看了一遍。

「是嗎？我只是一個普通女人，沒什麼特別的。」宜萍謙虛的說著。

「不，照片中的妳看起來是一個很能幹又能掌握一切的女人，我很喜歡妳。」

「謝謝你的誇獎，只是我沒你說的那麼好。」

「好不好？我自己知道，妳吃過飯了嗎？妳要照顧自己，先去吃飯，不要餓到了。」傑克的關心，讓宜萍覺得有人關心的感覺真好。

「那你呢？有人做飯給你吃嗎？」

「沒有，我跟你一樣還沒結婚，所以通常都是一個人解決。」

「你條件挺好的，為什麼還沒結婚？」宜萍感覺有點奇怪。

「那妳不也還沒結婚嗎？就是還沒碰到一個有緣並且喜歡的人，也許我就是在等待妳。」

「你又還不認識我，怎麼知道你自己會喜歡我？」

「喜歡是種自然的感覺，況且我們可互相分享生活中的喜怒哀樂，一起做個伴。」傑克的說法讓宜萍有點動心。宜萍就只是希望有個人可以作伴同行，且傑克人在倫敦，應該相對安全。

「再試試看吧！我要去吃飯了。」說完宜萍就下線了。第一次交談宜萍對傑克有不錯的印象，覺得或許可以交個朋友。

隔天傑克很快又傳來了訊息：

「妳好嗎？早安，今天如何？有沒有一點想念我？」傑克開門見山的說。

「我們才剛認識，怎麼會想念？」宜萍其實心裡有點動心。

「妳不覺得緣分是很奇妙的東西嗎？我覺得跟妳好像很早就認識了一樣。」傑克還是對宜萍傾訴思念。

「所以，你的意思是和我做朋友？」

「妳不妨試試看我的真心，我會一直陪著妳，妳想我的時候，只要妳找我，我一定會立刻出現陪伴妳。」宜萍雖然是一個主管，經濟獨立，小有成就，也買了一間自己的套房，但總覺得人生好像欠缺什麼？也許就是愛情吧？她希望有人可以在她孤單的時間裡陪伴她，不要總是自己一個人在追劇，傑克剛好就在這個時候闖進她的心房。

這以後的日子，傑克幾乎隨侍在側，只要宜萍想找他的時候，傑克都能立即回應，適時的陪伴。傑克知道宜萍喜歡看劇，常會在網路上陪她一起看，然後互相討論劇情，讓宜萍覺得好像找到知音，因為傑克總能了解她的想法，這天傑克說：

「我覺得自己已經愛上妳了，而且是很真心的，這段日子的相處，讓我們更加了解，妳就是我等待的女人。」這些日子傑克的出現，讓宜萍的生活有了改變；在傑克的陪伴之下，她內心不再孤單，因為她隨時可以找到傑克，宜萍的內心感到充實而溫暖，她每天都期待和傑克一起做事或對話，傑克好像已經融入了她的生活，到處都有傑克在身旁的影子。

「你都還沒跟我見過面，就已經愛上我了嗎？」宜萍還是有些不敢相信，傑克竟然會真的愛她？

「也許這就是一見鍾情吧？愛一個人不需要任何理由。我愛妳，所有一切的妳、妳的文字、妳的模樣，都深深地打動我。」他們在線上聊天已經好一陣子了，對彼此的生活及喜好都相當了解，特別是傑克的溫暖多情，以及對宜萍百般呵護的照顧，幾乎融化了宜萍長久以來封閉的心，讓宜萍完全敞開了心門。

• • •

至此，宜萍已相信傑克是她未來的伴侶，生活也已離不開他了，就這樣過了兩個月甜蜜的日子，有天傑克跟她談到他工作投資的事，這是宜萍不清楚的。傑克說：

「我的公司正在投資基金，不知妳有沒有興趣，我分析獲利還不錯，想找妳一起投資，由我來經營，一起來賺錢，妳覺得可以嗎？」宜萍沒想過傑克會找她投資這件事，一時不知如何回應。

「這個投資好嗎？我不太懂。」

「你不懂沒關係，我懂就好了，我可以幫妳賺到錢，妳可以信任我。」

「是嗎？那要怎麼做？」宜萍這時是相信傑克的，也不想因錢破壞了和傑克的感情。

「如果妳擔心，那就先不要投資太多，先給我幾萬塊幫妳試看看，我對妳的愛這麼深，我會保護妳和妳的錢，妳放心！」聽傑克這樣說，宜萍覺得好像真的可以試試看，只是做投資，應該還好。

之後宜萍便匯款給傑克幫她投資，這段時間傑克仍是無微不至的照顧她、陪伴她，讓宜萍毫無戒心，完全沒設心防。她從不認為傑克是假意，因為傑克早已成功擄獲了宜萍的心，這時的宜萍完全沉浸在愛情的滋味之中，錢對她來說不是太大的問題，因為她本來經濟能力就不錯，她也深信傑克會為她賺錢。

「宜萍，上次的投資有點小賺，我們可以再增加資金，所以妳要不要再匯錢給我，我覺得這次可以投資大一點，賺多一點，我就可以把賺的都匯給妳。」宜萍想著上次匯給他的10萬元既然已經有賺錢，再投資一點也不錯啊，只是還沒拿到錢，心裡仍舊有些擔心。

「但你賺的我都還沒收到啊！」

「你還不能相信我嗎？我愛妳，妳應該可以感受到我的真心吧？所以我想多為妳賺些錢，讓妳的生活更好一點，我這都是為了妳啊！如果妳有懷疑，也可以再觀察一陣子。」傑克深情的跟宜萍說著：一切都是為了她。讓宜萍半信半疑，但傑克仍然隨時陪宜萍看劇或當宜萍找他的時候，立即回應，真的是深深打動宜萍的內心。

後來傑克要求通話，二人終於第一次通話，電話中傳來一個深沉有溫度的聲音，是宜萍從未感受到的。宜萍發現傑克不再是一個抽象的人，彼此通話之後，傑克的形象更真實了，在腦海中對傑克有著更具體的模樣，這天傑克深情款款的說著：

「我對妳的愛是真實的，永遠都不會改變，只要妳心裡有我，相信我愛妳，我們就能一直作伴到老，我絕不會背離妳。」宜萍握著電話內心很悸動，從來沒有人跟她說過這樣的話，即使相隔千里，她終於找到一個可以相伴的人，她不再是孤單一人了，她相信傑克。

⋯

有了傑克的愛，宜萍整個人變得精神煥發，同事們都發現宜萍的不同：

「組長，妳最近怎麼變漂亮了，有吃什麼保健食品或用什麼保養品嗎？介紹給我們嘛！讓我們也漂亮一下。」同事發覺主管真的很不一樣，追著她問原因。

「沒什麼啦，哪有漂亮？別瞎說了，趕快去工作吧！」宜萍覺得害羞，但她知道都是因為這段時間有了傑克愛的滋潤。愛情的魔力太驚人了，宜萍已深陷其中無法自拔了。

「宜萍，那天我跟妳說增資的事情，妳考慮的怎麼樣？妳要相信我，我不會騙妳的。這段日子，妳還不知道我對妳的好嗎？」傑克又提起增資的事，希望宜萍能再匯錢給他投資，宜萍心中雖然猶豫，但也擔心如果她不匯錢給傑克，傑克會不會就生氣不理她了，宜萍的生活中到處有傑克的影子，宜萍發現自己愛上傑克了，她已不能沒有傑克對她的關懷和愛，所以為了不讓傑克生氣失望，宜萍決定另外再匯20萬給傑克。

傑克收到錢後，對宜萍更是殷勤，覺得自己已深深擄獲了宜萍的心，所以陸陸續續的叫宜萍匯錢給他。宜萍因不想這段關係有變化，對傑克也付出了真愛，所以一直不斷的匯錢，金額越來越多。這天好友千千看她最近心事重重，找她一起喝咖啡，問宜萍是否發生什麼事，怎麼讓她如此心煩？

「千千，我不知道是怎麼回事？我在網路上認識一個男生，他對我很好，我們彼此相愛，他時刻都陪在我身邊，但是因為他要我投資他公司的生意，所以我陸續匯款給他，不知道還要不要繼續投資下去？」千千一聽就覺得有問題。

「宜萍，妳確定他愛妳？只是在網路上認識，又沒真正見過面，妳怎能確定他是怎麼樣的人？」千千提出一肚子的疑問，不相信宜萍會在網路上找到愛情，直覺宜萍可能是受騙了。

「我們有通過電話，因為他在倫敦，也不可能見面，但是我相信他是真心對我好的。」

「宜萍，妳那麼聰明幹練，怎麼能輕易相信網路的愛情呢？而且他還要拿妳的錢投資，這有點怪異，妳會不會遇到詐騙了？」千千真的擔心宜萍的付出被人騙了。

「不可能的，這麼久以來，他一直對我很好，我不會錯的。」宜萍仍然相信傑克的愛。

「既然這樣，妳可以試試，下次他再要求妳投資，妳別答應，看他如何？」

「我很擔心他不理我了。」宜萍已經深陷愛中，即使必須付錢也想要維持這段關係。

「宜萍，妳別傻了，我擔心妳被騙了。」

宜萍聽從了好友千千的話，且自己已付出將近1百萬，實在也無去再繼續投資下去。傑克後來再要宜萍投資，宜萍都以資金不足為由拖延時間。同時宜萍也發現傑克因她不再付款，對她越來越冷淡，常常不回應，也不再打電話給她，宜萍找他時都沒接電話，她和傑克這麼長久的時間以來每天都聯絡，終於有一天，傑克在電腦上完全消失了，她再也找不到傑克。宜萍驚慌失措，與其說她在意她的錢，不如說她更在意她和傑克之間的愛情，她不相信傑克真的會騙她？宜萍為了傑克付出自己的真情，如今他不知去向，叫她情何以堪！

宜萍對於傑克的消失無蹤非常難過，自己的1百萬也不知去向，找了好友千千聊聊，商量該如何是好。

「宜萍，妳真的是被騙了，不僅騙了妳的錢，他還騙走了妳的感情。唉！怎麼會這樣呢？還是報警吧！」宜萍這時傷心不已，除了不相信自己真的會被騙之外，更不能接受傑克不是真心愛她的事實；這個事實讓宜萍痛心萬分。

詢／問／過／程

千千陪著宜萍來到警察局，我接待了她們，問了緣由，宜萍不停地落淚。

「警官，像我朋友這種情形，錢可以拿回來嗎？」因為宜萍已無法言語，千千代她朋友詢問。

「我真的非常了解宜萍的感受，現在網路騙財騙愛的案子很多，大部分都是像宜萍這樣有很好條件的單身女子。宜萍妳辛苦了，失去金錢，又失去愛情，一定很難過，我能理解妳。」我試著安慰受傷的宜萍。

「我真的很難相信，我會被人騙了感情，他明明是那麼真心，錢被騙就算了，但我很希望他可以把愛還給我，我付出了時間和感情，我的愛全沒了。」宜萍也許真的很希望有個人愛她，陪她度過寂寞的時光，可惜她遇到錯的人了。

「網路本就是一個虛擬的世界，很多人或事都不是真的。有很多人跟妳一樣也遇上詐騙。妳別太傷心了，我們專案小組會就妳提供的相關資訊積極偵辦，看能不能找到這個網路愛情騙子！」

網路詐騙是較難偵破的犯罪手法，錢也很難找回來。這些網路詐騙高手，利用女性的寂寞芳心，以許多騙術，讓女性掉入愛情的陷阱，最後失去了錢財，更失去愛情，懊悔傷心。

「警官，我已經失去愛情了，能不能幫我把錢找回來。」宜萍暫時止住了哭泣。

「會的，我們來努力看看，雖然過去嫌犯被捕的機會不是很多，但我們會努力偵辦，請您好好振作，這一次經驗讓您看到網路世界的危險！希望您能趕快恢復正常的生活。」

看著宜萍與千千離開警察局，內心感觸頗深，寂寞孤單的確會讓人失去理智的判斷，只能提醒我們周遭的人，不要輕易相信網路的愛情。在尋找愛情的過程中，金錢的付出更要小心謹慎，絕對有可能是騙妳的！

一、網路交友是現代人認識新朋友的管道之一，許多人期盼能在網路上尋覓到真愛，然而網路的匿名性讓人輕易隱藏真實資料，甚至冒用別人的相片及檔案，企圖「以愛情之名行詐欺之實」。在這裡提供網路交友「**停看聽三原則**」：

1. **停：**停下腳步，思考雙方關係是否進展得太快，別急著投入愛情，保持冷靜及理性，多花時間了解對方，避免在熟識前透露過多個人資訊。
2. **看：**多觀察對方的金錢觀念，若對方要求負擔個人開銷、強調個人可憐身世、刻意提供投資、保險商品、或要求多筆或大筆金額的借款，很可能是以金錢為目的，而不是真心交往。
3. **聽：**透過真實的相處與溝通，確認對方說詞是否前後矛盾，有無誠實以對，當然也可以聽聽第三者的意見。

二、網路詐騙容易得手肇因於網路的特徵——**匿名性**，網路使用者輕易隱藏自己的真實身分，只要有心，都能變造、隱瞞、竄改個人真正的資訊。同時，虛擬的網路空間也降低了規範的約制作用，加劇責任分散、削弱道德約束。網路的另一特徵——**快速傳播性**，也是造就網路詐騙猖獗的原因之一，快速傳遞訊息猶如雙面刃，在方便與快速的同時，對於資訊缺乏求證和查證的時間，導致有心包裝的謊言不易在第一時間被拆穿，加上漂亮的文字和高明的話術，理智判斷往往隱沒在感情之後，反而容易讓自己成為詐騙的受害者。

三、另一個使得網路詐騙橫行的原因則是「照騙」修圖技術的突飛猛進所致，無論是「美肌軟體」或是「修圖軟體」都具有化腐朽為神奇的功能。「網美」如雨後春筍般誕生，而視覺刺激又是感官中最敏銳的，透過這些照片、影片的快速傳遞編織出最美麗的陷阱。愛情的魔力令人難以抗拒，無論男女，交友時都有可能遇上愛情騙子，提高警覺，加強安全意識才能保護自己。

Case
17

為什麼要告我性侵？

怡君是一間外商公司的職員，活潑美麗大方，在公司人緣很好，大夥都很喜歡她。大鵬和怡君是同部門的同事，大家彼此熟悉，不只是夥伴關係，對彼此也有好感，只是還沒有告白。這天公司來了一位新主管，為了迎接主管的到來，怡君提議邀請新任主管及部門同事一起到居酒屋聚餐，放鬆最近工作繁忙的緊張情緒。

「下班後，我們一起去居酒屋，大家要準時到，我會去邀請主管喔。」怡君處事幹練，深得主管和同事的喜歡。她就好像是部門的意見領袖，大家習慣了聽取她的意見；下班後同事們依約到了居酒屋，大鵬對怡君愛慕已久，卻因為不確定怡君有何想法，一直不敢表白；深怕表白後，可能連朋友都做不成了。

「今天是主管上任的第一天，大家舉杯敬我們的主管，歡迎主管就任。」怡君帶頭向主管敬酒，杯觥交錯，現場氣氛十分愉悅。在怡君帶領之下，大家越喝越盡興，怡君似乎有些醉了。看怡君喝多了，大鵬在旁勸說：

「怡君，妳喝多了，還是少喝一點吧！」夜已深，約至午夜時分，主管張羅著大家回家，怡君幾乎已經喝醉了，有些腳步不穩，主管指派大鵬將怡君安全送回家。大鵬心中特別高興，若可以護送怡君回家，或許還可以有一段單獨和她相處的時間。於是大鵬叫了計程車，直奔怡君家中……。

「怡君，到家了，妳先躺著休息一下。」怡君幾乎已經站不穩腳步，一下子就躺在沙發上，但仍有一些意識，對著大鵬說：

「大鵬，我的胃很不舒服，有點想吐，可不可以幫我倒杯水？」怡君身體虛弱的對大鵬說。

「好，妳先躺好，不用擔心，我會照顧妳。」大鵬溫柔地將怡君的衣服輕輕脫下，也把她的鞋子脫去，讓怡君能舒服地躺著。看著怡君美麗的臉龐，大鵬心跳得超快，一時意亂情迷的對怡君說：

「怡君，我真的喜歡妳很久了，可不可以讓我愛妳，我以後會對妳好的，給我一個機會愛妳。」

大鵬開始靠近怡君的臉，這時候怡君呢喃的說：

「你說什麼？我不知道，我身體好熱…………」大鵬見狀，開始解開怡君的釦子，慢慢的脫去怡君的衣服，身體一陣躁熱，他一直不停地在怡君的耳邊說著：「我會真心對妳好的。」然後大鵬開始在怡君身上上下其手。

「你說什麼？我聽不見，你不要…………」怡君的聲音似乎是用氣吐出來般，但大鵬沒有任何要停止的意思，最後兩人還是發生了性關係。

…

隔天怡君醒來時，發現自己衣衫不整，而大鵬就睡在她旁邊。怡君驚嚇不已，立刻穿上衣服，把大鵬叫醒，對著他大叫：

「你到底對我做了什麼？你怎麼可以這樣？」怡君不可置信的看著大鵬，大鵬也嚇到了，趕忙起身急著解釋，但怡君什麼都聽不進去，並把大鵬趕出門。

這天，怡君向公司請假。很少請假的她，此舉讓同事們感到奇怪，追問著昨晚送怡君回家的大鵬是否發生什麼事了。大鵬心虛不知道該說什麼，只得訕訕地回答怡君昨天喝多了，身體不適，就這樣搪塞過去。

詢／問／過／程

過了幾天的考慮及沉澱，怡君在友人的陪同下到警察局。

「有什麼我能為您服務的嗎？」怡君戴著墨鏡，讓人無法看清楚她的臉，我禮貌地起身接待。

「警官您好，我的朋友被性侵了，我陪她來報案。」

「好的，請先坐會兒，我馬上為您處理，請問您需要社工陪同嗎？」我問著怡君，如果需要社工陪同，我會立即通知社工前來。

「我不需要社工，我知道自己要做什麼。」怡君心情還算平穩，應該可以開始進行偵詢。

「那我們可以開始嗎？請問您今天到警察局來是發生了什麼事情呢？慢慢說，沒關係的。」

「我想要告我的同事大鵬性侵我。」怡君脫下墨鏡冷冷的說著。

「可以再說明詳細些嗎？把時間、地點以及發生當時的情況說得清楚些。」看到怡君聽到我請她說明時就開始哭泣，情緒忽然激動起來，應該是回想起當時的情況，感覺受傷委屈吧！我把面紙遞給她，為她倒了杯水，等她情緒稍稍平復後再開始。

「能否告訴我發生什麼事了？我們會盡力幫助您。」怡君擦了眼淚開始訴說：

「那天晚上，我們辦迎接新任主管餐會，大家一起在居酒屋喝得很開心，我可能太投入喝多了，酒的後座力一下子上來，後來喝醉了，怎麼回家的我自己都不太清楚。」怡君回憶著當日的情景，我請她慢慢的說，希望每一個細節都可以清楚的說明。

「您喝醉了，不知道怎麼回到家的？平常您都一個人住嗎？有沒有家人？」

「我一個人在外面租房子，家裡只有我一個人。」租屋在外的單身女子，要特別注意住家的安全。對於租屋的環境要熟悉，避免處在暗巷內，而且燈火一定要明亮，隨時都得注意有無陌生人進出，以免夜歸的時候有安全顧慮。我大略提醒一下租屋安全的概念，就請怡君接著描述當天的情形。

「當天晚上，我的確不清楚我是如何回到家的。但到家之後，我好像隱約有聽到一位男人在我耳邊說話，但因為身體真的很不舒服，也不記得他到底說了些什麼。」看來怡君是在酒醉的狀態之下，意識微弱，幾乎無法搞清楚自己在做些什麼。

「後來呢？您是怎麼知道自己被性侵的？」我再繼續引導她往下說。

「隔天醒來的時候，我發現身上只披著一件衣服，全身赤裸地躺在床上，下體隱隱作痛，並且發現同事也赤裸地躺在旁邊。我不敢相信，他竟然趁機性侵我？」這時怡君情緒又開始激動起來，受傷的神情展露無疑。

「所以其實妳並不十分清楚當晚發生的事情，對嗎？只知自己下體很痛，被傷害了身體。」聽我這樣說，怡君又哭了起來，強調她單身多年，對自己的感情一向潔身自愛，不會輕易付出，沒想到卻被自己的同事性侵，她怎麼樣都無法接受這件事情。

「怡君，因為您們都是成熟的人，所以我必須再確認一下，這個大鵬平時與您是什麼關係？除了同事之外，還有沒有其他感情存在？」

「我們是很好的夥伴關係，平時都一起出外勤，感情不錯，但還沒到男女朋友的程度，只能說是好朋友。」聽怡君對雙方關係的說明，我大致了解二人並非男女朋友，但還有一些事必須要釐清，所以我繼續問怡君：

「請您先別難過了，再請教您一個問題，雖然您和大鵬並不是男女朋友，但以前有發生過性行為嗎？」

「沒有，雖然我知道他喜歡我，但他並未告白，我也不能肯定他的感情，所以我們一直都只是好朋友關係，並未發生過性行為。」聽怡君的描述，在怡君醉酒的狀況下，的確有被性侵的可能。

「您能記得自己當晚說過什麼話嗎？」我希望能確認怡君當晚的精神狀態是否有辦法陳述自己的意志。

「我只記得身體很難過，感覺很熱，好像聽見有人在說話，其他就不記得了。」這樣的情況之下，怡君當晚的精神可能已進入泥醉狀態，無法清楚陳述自己的意識。

「當您發現被性侵時，身體有什麼異樣？」

「我醒來的時候，發現我沒穿內褲，且下體很痛，發現他是強行進入，才會讓我這麼痛。」

「好的，我了解了，因為發生性侵時間是五天前，現在我們馬上幫您驗傷，如果超過七日，驗傷能採到的跡證非常薄弱，也可能驗不出精子，所以如果遭受傷害，一定要立刻求助，才能有效保全證據。」

我通知醫生及護理人員準備驗傷，並請怡君友人陪同驗傷，安撫怡君的情緒。

⋮

這類熟人間的性侵案件，在所有性侵案件中約占九成；熟人性侵的案件非常普遍，也只有相識的人才能找到機會趁機性侵。通常對熟識的人，女生的防備較少，性侵的機會增加，因此熟人間保全證據更為重要，但也因為是被熟人性侵，極有可能會因女生考慮是否要報案而延遲採證，如果超過七日，證據幾乎很難保全。所以提醒女孩子務必注意證據保持，遭受傷害時要立刻報案，才能保護自己周全。

這個案子應該是酒後被性侵的案子，和一般大家常聽到的撿屍（女子喝醉或被人灌「迷藥」後被人揀走）有點類似；只是撿屍性侵者常是陌生人，他們在酒店門口，發現有酒醉的女生，便假意好心要送女孩回家，一回到家中便趁機性侵得逞，這類案子屢見不鮮，雖然警察常在夜店或酒店門口加強巡邏，保護女子人身安全，但無論如何，再高的巡邏密度還是會有縫隙，最能保護自己的還是我們女生。女生最好結伴同行，彼此有照應，如果是單身在外喝酒，就得多留意自己的酒量，可以微醺但切勿醉酒，如果不能自己回家，也可以事先請店家幫您叫好計程車，千萬不要讓陌生人送您回家，使他有機會性侵，女孩要提升自我保護意識，做好事先防範措施，才是保護自己安全的第一步。

• • •

回到怡君性侵案，驗傷的結果確實在怡君的陰道發現撕裂傷，並且採集到男性的精子，性侵的可能性增加了，必須通知大鵬到案說明，大鵬依著通知的日期及時間到警察局接受詢問。

「請問您是張大鵬先生嗎？」

「是的，不知今天為什麼要來警察局？」大鵬心中忐忑不安，看來神色相當緊張。我想一般人收到警察局通知到案都會擔心，這是可以理解的。

「請您來的原因，是因為您的同事怡君小姐向您提告性侵害，所以請您來說明。」

「不可能吧？我怎麼會性侵她呢？我們是感情很好的同事啊！」大鵬不敢相信自己所聽到的，一直否認自己性侵。

「您先別著急，請您把當晚的狀況說明一下。」大鵬還是很激動生氣，甚至覺得被怡君擺了一道，竟然會告他性侵，那他以後該怎麼辦？大好前程是不是就此毀了？大鵬一定要為自己據理力爭。

「那天是怡君自己喝太嗨，喝醉了，我好心送她回家，她竟然告我性侵！」這是常見的狀況，通常男生都以為雙方是你情我願的，被告性侵時，常覺得莫名奇妙。

「可不可以請您說明一下，您送她回家之後發生什麼事？」

「送她回家之後，她說身體不適、口渴、很熱，所以我待在身邊照顧她。」

「後來呢？」性侵的前奏常是這樣開始的。

「後來我就向她告白，說我很喜歡她，會留下來照顧她，也問她是不是能讓我愛她，她有點頭，所以我才認為她是同意的。我只是一時意亂情迷，我本來就很喜歡她，她也對我很好，那一天晚上我們都喝了酒，心情放鬆許多，我想她應該也是願意的。」大鵬不覺得他性侵了怡君，他認為當天怡君有點頭答應。

「但你侵入之後，卻造成了怡君的陰道受傷，這也是性侵害的現象之一，更何況怡君她那天完全喝醉了，在意識薄弱的情況下，她的點頭你確定是同意讓你進入她的身體嗎？這部分在法律上是有規範的。」

「警官，不管法律的規定是什麼。我相信當晚她是同意的，她知道我在身邊照顧她，她說覺得熱，我幫她脫去衣服她都知道，也沒有反對。如果她不願意，當我脫她衣服的時候，她就應該要表達，我也不會再往下做了。警官，我是被誤會的，我並沒有性侵她的意圖。」大鵬極力的為自己辯解，他認為當晚他們兩人是情投意合，雙方都是願意的，跟怡君的描述與感受截然不同。

「我大致了解了，也做好筆錄了，您所說的話可能必須去檢察官那邊再陳述一次。只是我必須提醒您，法律上規定，男女在精神上不能或不知抗拒而為性交者，是有刑責的。怡君當晚的狀況因酒精的關係，可能在精神上已不能或不知抗拒，這時候您若跟她發生性行為，就有性侵的可能。」我說明法律上的規範給大鵬知悉，聽完我的說明，大鵬臉色鐵青，急著追問我：

「警官，真的是這樣嗎？那該怎麼辦？我真的不是要性侵她，我沒有，我沒有！」

大鵬的情形是趁怡君酒醉的狀態下，與她進行性行為。他自己以為已得到怡君的同意，怡君也沒有抗拒或說不，但是依《刑法》第225條規定，對於男女利用其精神、身體障礙、心智缺陷或其他相類似的情形，不能或不知抗拒而為性交者，處三年以上十年以下有期徒刑。怡君當晚的情況，已意識不清無法表達正確的意思，恐已達精神上不能或不知抗拒的情況，但因雙方各自表述，最後如何？檢察官會做最後調查。

利用女生酒醉性侵案件不在少數，大多數都是熟識者較多。也許很多人不知道法律針對這方面有規定，但無論如何，都不該趁對方有危險的時候，進行強制性的侵入，如此會對女生造成身心的傷害，男生也會陷入法律的制裁之中，怎能不留意女孩真正的心意呢？

安全叮嚀

一、女生酒醉性侵案件屬違反《刑法》第225條的「乘機性交罪」，係利用被害人因酒醉至精神不濟，其意思決定之自主能力顯屬薄弱而易受影響，即屬一種違反意願之方式。

二、在歡暢喝酒的時刻，的確會讓人放鬆警戒，但也是最危險、最容易受害的時候。年輕人工作壓力大，下班到夜店或酒吧或許已是生活方式的一種，但女孩還是要多注意自身的安全。單獨前往的女生，要特別注意不要喝陌生人給妳的飲料，提前部署防護作為，讓自己平安回家。

三、男生不要誤解女生的意思，尤其是在女生意識不清的狀態之下，千萬不要有占便宜的心態。如果是真的愛她，就要保護她，別讓她在不知情的情況下受到傷害，且性侵害是公訴罪，不是告訴乃論，只要性侵害成立，就必須面對法律的審判，因此酒後是最危險的時刻，男女雙方更要注意安全。

四、單身女子租屋在外，可先做好防範措施，提高自己的安全。

1. 隨身攜帶防狼噴霧器及哨子，若遇到歹徒可立即使用，趁機逃走。
2. 返家進門前，先觀察是否有可疑人士跟蹤，如發現有可疑人士在附近徘徊，可至附近商店或報警求助。

Case 18

不舒服的感覺

青青剛請育嬰假回到辦公室上班，大夥正開心地聊天，有些男同事開起有點黃色的笑話。順子說著早上在加油的時候發生的事情，他說：

「我跟你們說喔，我今天上班前去加油，我快被那個服務員笑死了。前面有一個穿迷你裙的女生要加油！因為她的機車加油口位在機車鑰匙孔的旁邊，但她一直坐在機車上面，加油的那個弟弟根本不方便幫她加油啊，他就說：『小姐，妳的腳要張開一點，不然我插不進去啦！』」

順子說完，幾個大男生哄堂大笑，女同事們面面相覷。青青覺得聽了很不舒服，就跟順子說：

「順子，上班時間講這些不好吧！聽起來很粗耶！」青青說出自己的感受。

沒想到順子卻補上了一句：

「不粗，妳會生兒子？」這句話讓青青聽了更加不舒服且火冒三丈，堅決要對順子提出性騷擾申訴，於是來到了警察局。

詢／問／過／程

「您好，請問有什麼事？我可以為您服務。」我起身迎接青青。

「我要向我同事順子提告性騷擾。」青青仍然一臉氣憤。

「好的，我馬上受理您的報案。」我把性騷擾的申訴書準備好，接著詢問青青性騷擾是如何發生的。

「我剛生了一個兒子，育嬰假結束後回到辦公室上班，幾個男女同事在聊天。順子在那邊大說黃色笑話，我聽了不舒服立刻制止他，並跟他說，他講的笑話很粗。沒想到他竟然還跟我說：『不粗，你會生兒子？』讓我覺得被侵犯了，心裡非常不舒服，所以我要告他性騷擾。」我聽完青青的陳述，大概了解這是屬於《性騷擾防治法》第2條規範的言語性騷擾，我再確認了一些細節：

「您覺得順子的言行冒犯妳了嗎？」

「是的，他那樣形容我生兒子的情況，讓我的人格尊嚴受損，所以我才決定向他提告。」

「好的，我已經將您的申訴書做好了，這是屬於職場性騷擾且因為是在上班時間，所以會依《性別工作平等法》為您做調查，希望您可以心情平復些。」被性騷擾的當事人常會有心裡不舒服的情緒且維持一段時間。希望在報案之後，可以讓事件暫時落幕。

《性騷擾防治法》及《性別工作平等法》、《性別平等教育法》頒布之後，很多人因為不清楚法律規定，導致性騷擾的案件增多，不管是陌生人或熟識人之間都會發生性騷擾的情事，以下再舉個例子。

立軍愛慕欣宜，每天傳送帶著有性暗示的文字及圖片給欣宜。欣宜不堪其擾，很想把他封鎖，但又怕惱怒他，如果欣宜沒有回應或是已讀不回，立軍就會馬上跑到欣宜的辦公室糾纏她，要欣宜立刻出來和他見面。這天立軍又到辦公室送花，欣宜實在忍無可忍，大聲的告訴立軍：

「我不是叫你別這樣做了嗎？你這樣讓我非常不舒服。」

「但我就是喜歡妳，沒看到妳的時候我就會很緊張，生怕妳發生什麼事了？我得來看一下才會安心。」立軍急忙解釋自己的行為都是因為關心欣宜。

「你這樣已經影響我的生活和工作，且你不斷的 Line 我，上下班都要跑來，我對你已經忍無可忍，請你不要再這樣做了。」欣宜再次説明自己的立場，希望立軍別再繼續這樣做了。

但立軍仍然沒有鬆手，還是一直傳送有關性的影片，一早就打電話，送三餐到辦公室給欣宜。欣宜不想再這樣繼續下去，她覺得自己快受不了了，於是求助警方。

詢／問／過／程

「聽完妳的陳述，妳的這情形屬於過度追求，也是《性騷擾防治法》所規範的一種。因為立軍的行徑除播送文字、圖畫、影像外，還有過度的電話及行蹤掌控，已經影響妳的工作、活動和正常生活的進行，所以我們會將妳的申訴書送權責單位調查。」

我向欣宜說明處理程序，並提醒欣宜，這種過度追求有時候還是會造成危險，請欣宜要注意自己的居家安全，下班盡量結伴同行，並且告訴主管及同事們有這件事情的發生，請大家不要輕易告訴別人妳的行蹤。另外，也請立軍的好朋友多規勸他，同時這段時間別用言語刺激他，時時保持警覺性，保護好自己的安全。

年輕人喜歡下班後到夜店或酒吧喝個小酒放鬆一下。澄澄今天也和同事一起來到一家夜店，大夥喝酒聊天。不久，澄澄覺得有點累，一個人到沙發區休息。這時候突然有一位男子走進沙發區靠近她，跟她搭訕。

「Hey,yo! pretty girl，一個人嗎？」這個男子直接坐在澄澄身旁，近距離地靠近她。

「沒有啊，我有同事在那邊，你要做什麼？」澄澄覺得這個人不懷好意。

「聊聊天啊，ＯＫ？」這個人偽裝的好像是從國外留學回來一樣，其聲調彷彿是外國腔調般。

男子突然用手肘碰了澄澄：「你知道我在哪個國家留學嗎？」

「不知道。」澄澄稍稍往外移了一點距離，不想讓他靠近。

「小姐，妳長得 very beautiful，妳知道嗎？」男子有點挑逗的意味。

「謝謝，不過你可以坐得離我遠一點嗎？」

「oh, no. Let me sit by your side. Bonjour!」男子突然強行摸了澄澄的大腿一下。

澄澄很生氣的站起來說：「你做什麼！為什麼偷摸我大腿？太可惡了！」澄澄立刻叫夜店的保安報警處理。

詢／問／過／程

我到現場之後，請雙方當事人到警察局製作筆錄，先詢問了澄澄：

「可不可以説明一下事情發生的經過？」我請澄澄描述當時的情況。

「警官，這個男人真是過分，自己坐到我身邊搭訕我，我都已經叫他離我遠一點了，他竟然還上前摸我大腿，真令人生氣又不舒服，我可以告他嗎？」澄澄還是相當氣憤。

「請問他是摸哪個地方？這很重要，如果他是趁您不注意或來不及抗拒的時候，親吻、擁抱或觸摸您的臀部、胸部或其他身體隱私處之行為，這就是違反「性觸摸罪」，屬於告訴乃論罪，是有刑責的。」我向澄澄説明一下「性觸摸罪」的規定。

「他是趁我不注意時，將手伸過來摸我的大腿內側，這已經是我很隱私又敏感的部位了。」澄澄比了一下位置給我看，確實是在大腿內側。

「我明白了，請問您要提告嗎？因為「性觸摸罪」是告訴乃論。」

「當然要提告，他令我非常不舒服，而且侵犯我的隱私。」澄澄堅定的説。

這是一件常發生在夜店，屬於觸犯《性騷擾防治法》第25條的「性觸摸罪」，屬於告訴乃論罪，通常被害人在事件發生後半年內可以提起告訴或在一年內提出申訴，以保障自己的權益。

下面這個例子，在職場上也經常發生在主管與部屬之間的強制觸摸案件。

大東是某公司的主管，有一次為了幫同事慶生，特別和同事至KTV慶生，大家唱歌、喝酒相當開心，最後當慶生蛋糕上場時，大家鬧著：

「把蛋糕奶油抹在臉上，開始！」結果壽星臉上及頭髮上被抹上了許多奶油，有的同事也一起被塗抹了，現場氣氛熱鬧。大家酒後肢體放鬆，身體的界線也越來越模糊……。這時大東竟把奶油抹在亦芬衣服胸口處，亦芬覺得主管這樣的舉動令她感到不舒服，當場制止大東：

「主管，我又不是壽星，你幹嘛抹在我胸口，請你不要這樣。」後來亦芬就到洗手間清洗衣服，等她再回到包廂時，大家早已離開散場，剩下主管大東一人。這時大東突然上前，一把拉住她：

「亦芬，妳真的很漂亮，我很喜歡妳。」大東隨即強吻了亦芬三次。亦芬立馬推開大東，大聲喝斥：「你憑什麼吻我？」

亦芬被大東強吻之後，心裡承受難以抹滅的陰影，看到主管也不知如何面對他，心裡越想越生氣，覺得如果不舉發大東，以後他極有可能再犯，於是勇敢至警察局報案。

詢／問／過／程

我看見亦芬走進來，有點羞澀，我馬上走上前去迎接她：

「請問您是來報案的嗎？我可以為您服務喔。」我看得出來她一定受了什麼委屈。

「我被主管性騷擾了，我想來告他，可以嗎？」

「好的，請坐，我馬上為您處理。」我準備好聽亦芬的陳述。

「大東是我的主管，那天公司為同事慶生，一起到ＫＴＶ唱歌喝酒，他趁大家酒意正濃的時候，把蛋糕奶油塗抹靠近我的胸部位置，並在同事離去後，強吻了我三次，讓我非常生氣並覺得很不舒服。」

「請問您們在公司裡是男女朋友的關係嗎？」我必須了解他們在公司是否是男女朋友關係，還得綜合平時相處情境，才能調查是否有性騷擾的情況。

「絕對不是，他只是我的主管，平常就是主管和部屬之間的互動，沒有其他的。」亦芬說明著他們的關係，對於主管會對她做出此種舉動，還是令她覺得不可思議。

「請問您當時有表明態度嗎？」

「我有叫他不要這樣做，但他趁酒意還是強吻了我，讓我心裡很受傷。」亦芬說明了自己當時已表達制止的態度，但仍受到性騷擾。

「請問您要提告嗎？」

「一定要，他趁我也有酒意無法抵抗的時候，強拉我，吻了我三次，如此行徑我不能忍受，我心裡很受傷，我一定要提告。」

「是的，我會受理您的告訴案，請放心。也希望您放寬心，我們會盡力協助您，祝您平安！」

性騷擾的案件層出不窮，出現在交通工具上陌生人的性騷擾案件也非常多，以下舉一個在捷運上會發生的性騷擾案件。

雅玲每天都搭捷運上班，有時趕時間，在搭乘捷運手扶梯的時候都要用跑的。今天起床較早，時間較為寬裕，搭手扶梯時雅玲悠閒地滑著手機，沒想到好像有一個人鬼鬼祟祟地跟在身後，似乎在窺探她的裙底風光。接著那人突然跟上前來並伸手觸摸雅玲的臀部，雅玲察覺有人觸碰到她的臀部。立刻轉頭察看，沒想到那個陌生人裝作若無其事離去。雅玲向前追去，本想報警抓他，但因為上班時間快遲到了，只好放棄作罷。

詢／問／過／程

過了一段時間，雅玲越想越生氣，這才鼓起勇氣向警方報案。

「警官，我在捷運站裡被偷拍，還被偷摸了屁股，我要告他。」

「您認識他嗎？」

「不認識，他好像是突然出現的。」

「好的，麻煩您告訴我發生的時間及地點。我盡快調閱監視器來調查。」我向亦芬說明發生性騷擾事件最好立刻報案，才不會耽誤證據保全時間。

亦芬這件屬於陌生人的性觸摸案件，違反《性騷擾防治法》第25條之規定。受理完報案後，行政申訴部分將會送權責機關社會局調查，刑事告訴則移送地檢署；另偷拍案件亦可能涉及《刑法》的「妨害秘密罪」，經被害人提告另可依法偵辦。

本國性騷擾法令隸屬三法管轄，依其對象及發生情境不同，主要分為《性別工作平等法》、《性別平等教育法》及《性騷擾防治法》等三法業管，中央及地方主管機關亦不同；上述案例僅討論《性別工作平等法》及《性騷擾防治法》適用情境。

而總體來說，性騷擾泛指與性或性別有關的言語、非言語、或身體的肢體觸碰行為，對當事人而言是不受歡迎、非自願性且不愉快的感受。一般認定標準包括主觀上認為不受歡迎、違反其意願且造成生活上影響的行為。但同一行為在不同情境下，究竟構不構成性騷擾，隨著個人的主觀感受、當下情境，與人際平時互動狀況等，皆可能有所差異，故必須依據當事人關係、歷史事件發生情境及事後反應等加以判斷。也因此，不應假定每個人都和自己有一樣的觀感，你可能覺得是輕微的動作或玩笑，但只要不受對方歡迎，都可能構成性騷擾。

安全叮嚀

一、性騷擾的行為態樣

1. **言詞態度**：言語或態度具有例如開黃腔、嘲笑身材、長相（如波霸、洗衣板）、性別特質（如娘娘腔、男人婆），或探詢性隱私、生活、傾向等皆可能屬之。
2. **行為動作**：不受歡迎的行為也容易構成性騷擾，例如色瞇瞇盯視、觸摸肢體或隱私處、趁人不備襲胸摸臀、擁擠車廂故意碰觸、摩擦下體，或暴露下體等皆屬之。
3. **發送訊息**：利用科技設備、媒體（如網路、手機簡訊）展示或傳閱色情圖片或騷擾文字。
4. **暴露**：如於公眾場所暴露下體等。
5. **窺拍**：例如窺視他人上廁所、偷拍隱私處等。
6. **利用權勢機會**：其他利用權勢或機會行性騷擾行為。

二、面對工作場所的性騷擾，你可以這麼做：

1. **心態調整**：性騷擾常發生在被害人無防備的情形下，以致於來不及反應，或無法相信對方會做出這樣的行為，而懷疑自己是否小題大作；或者發生在雙方權力關係不對等的情況下，較弱勢的一方即使已感受不舒服，也很難直接拒絕或反抗。比如案例中同事講黃色笑話時，當大家都覺得「這又沒什麼」，卻在某些人聽來就可能構成受冒犯的情境。所謂「敵意環境」，係指該行為足以損害他人人格尊嚴，使人感受到敵意、不舒服或深受冒犯的情境而言。因此，正確理解性騷擾定義是有必要的，不僅防範自己成為被害人，也能避免自己不小心成為加害者。

2. **明確制止：**在前述案例中，例如在夜店、PUB等公眾場所中，藉著微醺酒意搭訕而觸摸被害人之案例很常見；在職場中，很多發生在長官部屬間、同事間等過度追求的案件，與雙方為陌生關係之案件相比，被害人往往更無力為自己的權益挺身而出，多半怕造成同事間關係不佳而隱忍，甚至繼續配合；但必須知道的是，刻意隱忍或順其自然並不會使情況好轉，甚至可能讓行為人變本加厲。在受理之性騷擾案件中，最多被申訴人陳述的理由皆為「我不知道他這樣會不舒服」或「我覺得這又沒什麼」。因此，態度明確制止，並告知其行為可能違法，才能有效讓對方理解並尊重您的感受。

3. **告訴親近的人：**性騷擾態樣中，尤其是過度追求的案件裡，很多可能進而演變成跟蹤騷擾，甚至是性侵害案件。因此，可向身旁朋友、親人表達你不舒服的感受及看法，讓大家能關注並重視此事，避免洩漏行蹤，以免間接遭受更大的暴力傷害。

4. **記錄案件發生經過、保存證據：**性騷擾案件有時隨著時間過去，記憶可能模糊，加上證據稍縱即逝，蒐證不易，因此，發生的當下，可將案件發生的時間、地點，和發生情形記錄下來，如場所內之監視器、相關人證、物證等，以及對您造成的影響及感受都記錄下來，以後皆可作為參考佐證。

5. **向單位申訴窗口或警方求助：**對於員工於執行職務期間遭受性騷擾，依《性別工作平等法》規定，調查單位為被害人所屬公司，故您可向公司申訴。如不知該向公司何單位申訴，亦可逕自向就近警察機關報案。而針對非執行職務期間遭受的性騷擾，則可依《性騷擾防治法》相關規定，向加害人所屬機關、部隊、學校、機構或僱用人提起申訴；如符合《性騷擾防治法》第25條之規定，亦可逕自向警察機關提起告訴。

三、機關對於性騷擾案件的態度及作為

1. **加強教育員工認知性騷擾態樣：**言語也可能構成性騷擾，如黃色笑話、簡訊、電子郵件或探問個人感情等隱私，均可能演變成不受歡迎的性騷擾行為；或是公開評論他人外型、其他與性別有關的評論，以及對性別有刻板印象並常公開發表類似言論，影響他人工作、教育、訓練、活動等皆屬之。此外，若長官對部屬或同事之間有不受歡迎的過度追求行為，皆應透過教育訓練，強化同儕對性騷擾事件的敏感度及自我參照，將性騷擾防治觀念普及於每一位員工。

2. **以「專業」看待同仁：**不以性別區分，並以同理心了解不同性別在職場中可能遭遇的困境。

3. **宣導保持適當身體界線：**員工在工作場所之接觸與互動，應以「尊重」雙方感受為前提，如遇有不當言行者，主管或同事間應嚴正制止並要求不再犯。另外，本國風土民情與國外不盡相同，例如國外可能以彼此親吻作為打招呼的方式，但在我國即可能對他人造成冒犯。因此，雖然為熟悉的同事，仍然應該以不觸碰對方身體為原則，注意彼此身體接觸之界線；如有工作以外的員工間社交活動亦應慎選時間和地點。

4. **發生性騷擾事件應妥為處理：**

(1) **採取糾正及補救措施：**機關、部隊、學校、機構或僱用人，應防治性騷擾行為之發生。於知悉有性騷擾之情形時，應採取立即有效之糾正及補救措施，包含保護被害之權益及隱私、對所屬場域空間安全之維護或改善，以及其他防治和改善措施等。

(2) **提供因應之道或是提供可用的資源：**調查人員語氣、神情應懇切，避免責備被害人，可提供被害人自保措施，以及可運用的資源、對應的窗口，並向當事人說明相關權益、資源及行為之法律效果。

(3) **對加害人告誡重點：**比起直接恐嚇其不得再犯，不如告知其行為可能需負的法律，並使其理解，認知自身已造成他人不舒服，如此才得以使行為人真正學習性別尊重意涵。

四、遇到陌生人性騷擾，您可以這麼做：

分析性騷擾案件發生地點，多為人潮擁擠之公共場所，如上下班時間的捷運、公車；或趁被害人不注意時為之，例如外出時走在路上聽音樂、滑手機；或是在搭乘大眾交通工具時閉目休息，對周遭環境及人事物缺少警覺心，都可能讓有心人士有機可乘。當被害人發現不對勁時，犯嫌早已得逞並逃之夭夭。因此，提供預防性騷擾自保之道給大家參考：

1. **注意危險情境：**人潮擁擠的地方為性騷擾案件提供絕佳的犯案情境，因此，可用隨身包包、行李擋住身體之胸部、臀部或隱私部位，或是用來隔開與他人之距離等。

2. **相信自己直覺：**當感覺有人異常靠近，請相信自己的直覺，採取行動，先行預防被碰觸，例如立即保持適當距離，或是換到別的車廂等，避免不肖人士騷擾。

3. **勿當低頭族：**多注意周遭環境，若不幸遇騷擾情事，大聲喝斥並以明確語氣制止對方，冷靜記下嫌犯特徵，在第一時間蒐集現場人證與物證，並請求旁人協助。若在捷運、公車等大眾運輸工具車廂內遇到性騷擾，可按下車內紅色緊急通話鈕，請求站務人員協助。

4. **即時蒐證：**由於性騷擾案件的證據稍縱即逝，第一時間蒐證可完整呈現當時案發情境及雙方狀態，因此應即時蒐證以保障自身權益。

被害者如受到性騷擾，應冷靜拒絕，勇敢說不，並立刻報警，保護自己，也保護別人不再受害。

Case 19 愛失控

妮娜是私人公司的祕書小姐，活潑開朗，深受同事們的喜愛，沒有交過男朋友的她，一直渴望愛情的出現。

艾倫從小到大就是一位資優生，擔任電腦工程師的他，聰明、體貼，雖然外表害羞，但對自己非常有自信，想交女朋友的他，渴望能守護一段真愛。

妮娜和艾倫透過網路交友而認識，二人迅速展開了一場熱戀。交往沒多久，就開始了小倆口親密的同居生活，原以為這是幸福的開端，卻沒想到，過一陣子之後，艾倫的脾氣變得很奇怪。有一天艾倫拿起妮娜的手機，發現妮娜手機裡面有一段很親近的對話，艾倫的臉色頓時變得很難看。妮娜進來後，艾倫大聲問她：

「手機裡這個男的是誰？為什麼那麼關心妳？他不知道妳有男朋友嗎？」

「你看我的手機幹嘛！就是一個普通同事，大家聚餐時他關心我而已。」妮娜耐心解釋著，可是艾倫的情緒越來越生氣，幾乎怒吼著：

「妳是不是劈腿？妳給我說清楚，妳是不是不要我了？」艾倫的反應讓妮娜嚇了一大跳，急忙安撫艾倫，但這時候的艾倫已經控制不住，一直認為妮娜欺騙他。一陣爭吵中，艾倫將妮娜推倒，並打了妮娜一巴掌，妮娜痛苦地奪門而出，她不敢相信平日溫柔的艾倫竟然會對她動手。

慌亂的妮娜打電話給閨密小倩，問小倩該怎麼辦？小倩請妮娜先靜下心，或許可以再勸勸艾倫。就在這時候，艾倫追了出來，對著妮娜說：

「妮娜，對不起，我是一時情急，怕妳離開我，我不應該懷疑妳的，請妳原諒我，再給我一次機會好嗎？」艾倫好似誠心的懺悔，讓妮娜想起以前許多甜蜜的時光，心想也許艾倫是深愛她才會如此。

「好吧！我原諒你了。」艾倫歡喜無比，告訴妮娜，要帶她出國玩。這是妮娜一直以來的願望，妮娜暗中高興著，出國玩說不定能使兩人的感情更加穩固。於是待兩人請好年假，遂一起歡歡喜喜地出國了。

• • •

出國期間，二人感情還算甜蜜，但偶爾當艾倫對某些事情不滿意的時候，脾氣便會突然湧上來，讓妮娜很害怕。這天他們到了一家日本料理餐廳，點了菜之後，因為人很多，等待的時間比較久，艾倫開始坐立不安，一直催促服務生為什麼餐點還未到，妮娜安撫他可能客人太多，等一下就好了，沒想到艾倫聽到此話後更為發火，大聲咆哮要服務生立刻送餐。妮娜已經無法控制他的情緒了。在包廂內艾倫大發雷霆，把桌子推倒，妮娜早已在旁嚇得說不出話來，先前艾倫打她的情景又浮上心頭，她害怕極了，不知艾倫還會對她做出什麼事情來。這時候的艾倫已經完全不像她所認識的人了。

回國之後，妮娜開始忙碌的工作，可是艾倫卻時時刻刻盯緊妮娜，不斷用電話追蹤她的去向，倘若 Line 訊息沒回，艾倫便開始焦躁不安，甚至跑到辦公室找妮娜，弄得妮娜苦不堪言，不知如何是好。尤其是艾倫的電話騷擾已經到了讓妮娜無法忍受的地步，加上他的情緒越來越無法掌控，常常無緣無故發火，這些都使妮娜恐懼不已。艾倫的控制欲在日常生活當中顯露無遺，妮娜越覺越不對勁，找上閨蜜一起想辦法。

「妮娜，我覺得妳目前的情況很危險，不知艾倫又會做出什麼傷害妳的事情來，我們還是先報警吧，看看能不能幫上忙？」小倩提議妮娜先報警，但妮娜心中有所顧忌……。

「如果報警了，讓艾倫知道，會不會更激怒他？」妮娜滿心憂慮，卻又不知該如何是好，在小倩的陪伴下，她們還是來到了警察局。

詢／問／過／程

「您好，有什麼事需要我為您們服務嗎？」看著她們焦慮、無助的模樣，應該是遇到了棘手的問題了。

「警官，我朋友被男朋友打了，且一直不理性的糾纏，現在不知道該怎麼辦？」是男女糾纏問題，我請她們先到報案區稍作休息，準備受理資料。

「妮娜小姐，您和男朋友發生什麼事了？請您說明一下。」

「我男朋友最近瘋狂地打電話給我，不斷的糾纏我，如果我不接或不回，他就會立刻衝到我辦公室來，情緒非常激動，讓我很害怕。」妮娜如今還心存餘悸，臉上充滿無奈與恐懼。

「請問您和男朋友住在一起嗎？」

「是的，我們認識不久後，因為他對我很好、很體貼，所以我們就同居了。」有同居關係，看來事情複雜一些。

「同居後，感情有變化嗎？」我希望了解雙方感情的進展與變化。

「同居一段時間後，他本來都挺正常的，兩人過得也蠻好的，但後來他會偷看我的手機，懷疑我另有別人，開始控制我的行動。」

「是，這是男女間常有的情形，部分表示這個男生有很大的控制欲，情緒可能會反覆無常。」

「是的，警官，他後來變得很易怒，動不動就發脾氣，對我造成很大的威脅，有一次還動手打我，讓我感覺害怕，也不知他怎麼會變成這樣？」妮娜心中痛苦不堪，也充滿疑惑，不知自己期待已久的愛情怎麼會變成這樣。

「他開始動手，就表示他的情緒已經無法克制了，有了暴力行為，這樣的情人就要留意了。」男女雙方交往過程中，可以從小細節留意男生在情緒上有沒有什麼異樣，譬如對待動物的態度是否有暴力傾向，或者會不會對人任意的發怒？這些小細節都可以用來觀察他將來會不會是恐怖情人的先兆。

「他動手打了妳之後，妳有做些什麼嗎？」我問妮娜怎麼處理他的暴力問題。

「我原本要離開他的，但他後來一直求情，還以死相逼，說我如果離開他，他就會去死，讓我更害怕了，所以也不敢再提分手的事情。」

「那麼後來又發生什麼事才讓妳想來報案？」

「因為他已經影響我的生活及工作了，整日跟蹤我，查我的手機，不准我和同事出去，且情緒常常不穩定，大聲對我吼叫，我實在無法忍受，不知道該怎麼辦？我的朋友小倩才要我來報案的，警官，您可以幫助我嗎？」看著妮娜憂心忡忡的臉，我想這又是一樁恐怖情人的案件，必須立刻處理，否則可能發生更嚴重的後果。

「妮娜小姐，我跟您說明一下，您的男朋友已經開始有暴力行為，且跟蹤騷擾的情形嚴重，照您所描述的，他情緒常失控，所以有潛在的危險了，我會馬上立刻通知家防中心的社工來協助您處理。」

「但現在必須給您幾個建議，希望可以保護您不受到傷害。」對於恐怖情人的處理常需要跟時間賽跑，如果處理得太慢，可能會有性命之憂，必須果斷立即處置。

「警官，我必須做什麼？」妮娜臉上彷彿出現一抹光，安心許多。

「首先請您的朋友立刻幫您搬離原來的同居處所，且不要事先通知您的男朋友要搬家的事，免得他為了阻止您，情緒暴衝反而造成傷害。」

「要那麼快嗎？」

「一定要快，最快的時間內搬走，並且不要讓他知道您搬去哪裡。」我提醒妮娜，現在必須要做的，就是緊急搬離同居處所，先保障自己的安全。

「但是我男朋友會到處找我，那我該怎麼辦？」妮娜還是很擔心。

「接下來就要處理您男朋友的情緒，先搬離處所讓自己人身安全，再來要做的就是請您聯繫男朋友的家人或好朋友，由他們來勸說您的男朋友，看能不能想辦法安撫他的情緒，另外，由於你們是男女朋友的同居關係，已屬於《家庭暴力防治法》中所列的家暴案件保護範圍，可以聲請保護令，保護自己的安全，我現在就可以幫您，好嗎？」

「好的，警官，麻煩您了，我要聲請保護令，另外我還需要做什麼嗎？」

「除了搬家以外，您可能還要考慮工作的問題，因您搬離之後，他一定無法接受，會再到公司騷擾您。所以如果不能換工作，那麼建議可以先請假，處理好他的情緒之後，確保他已經接受並表現正常後，再開始上班。」

「警官，有這麼嚴重嗎？會連工作都保不住了嗎？」妮娜還是有所顧忌，如果連班都上不了，那該怎麼辦呢？也更是憂心，很懊惱自己怎麼會捲入這樣的情感風暴之中。

「恐怖情人的愛已經進入完全失控的狀態，如果您沒有高度警覺性，那什麼時候會受害恐怕很難預料，所以請您為了自己的安全，必須動作要比他快一些。」看了許多恐怖情人情殺的案件，如果當事人能有高度的被害意識，在第一時間立刻求助，一定可以避免傷害，所以我再一次跟妮娜強調：

「為了自己的安全，請先搬離處所，我們為您聲請的保護令很快就會下來，除了家防中心的社工會去幫助您之外，我們警察也會去約制相對人，也就是您的男朋友，告誡他必須遵守保護令的限制規定，如有違反會立即移送法辦。」我說明了保護令的申請事項後，就請小倩陪著妮娜先回去處理搬家的事宜。

我們立即為妮娜聲請了保護令，經過法院的審理，保護令裡頒布了禁止接觸令：禁止相對人接觸、跟蹤、電話、寫信，或其他騷擾行為，以及遠離令：命令相對人遠離某些特定場所或保持特定距離。

經家防中心的社工幫助，妮娜很快的搬離了同居的處所，也打電話請艾倫的好朋友勸說、安撫艾倫，雖然艾倫一時無法接受，仍到處找妮娜，甚至跑到公司去，所幸妮娜還會接艾倫的電話，在電話中平心靜氣的跟艾倫討論兩人之間存在的問題，對於艾倫的即時訊息，妮娜也會回應，慢慢的讓艾倫有情緒出口，而不是全然的防堵不理艾倫。

但搬離住所及暫時請假，讓艾倫無法輕易接觸到妮娜，就能避免見面時的針鋒相對，或當他埋伏在公司附近時可能帶給妮娜的傷害，也能避免他繼續跟蹤的可能。總之，不幸遇見恐怖情人，保護自己還是得靠警覺心，以及正確的處理，不要輕信他的道歉，認為這樣就可以沒事了。女孩子常常在這種反覆的道歉原諒之下，引來更大的危險，不得不慎重啊。

「我愛你」是世界上最動聽的話，愛沒有時間限制，也沒有距離遠近，我們時常可以感受到愛的存在，但愛也可能帶來傷害，「失控」的愛甚至會使人瘋狂，導致仇恨。

所以雖然在愛中，仍必須敏感的察覺到危機的存在，如果能在第一時間發出求救訊號，「求救快、搬家快、換工作或請假也要快」才有可能平安脫險，千萬不可合理化、隱忍暴力行為的存在，以免造成無法挽回的遺憾！

安全叮嚀

一、恐怖情人的十大特徵：

1. 疑心病重。
2. 隨時掌握行蹤。
3. 占有欲強。
4. 無法忍受分離。
5. 自殺自殘。
6. 情緒容易失控。
7. 肢體暴力。
8. 藥物、酒精成癮。
9. 自我中心。
10. 無法接受分手。

二、逃脫恐怖情人的魔掌，就是一場與時間的競賽，請謹記「求救快、搬家快、換工作或請假也要快」，「快」才有效！

三、安全分手的五招：

1. 慎選分手的時間與地點。
2. 請人陪同或告知家人及朋友要談分手的「人、事、時、地」等資訊。
3. 分手談判時不要以言語或行動激怒對方。
4. 分手後應避免再有聯繫或牽扯。
5. 若對方分手後還持續有騷擾或傷害行為，應立刻報案由警方依法處理。

四、面對愛情的健康心態：

1. 愛情不是永無止境的付出，付出不代表一定能擁有，有時候放手才會讓彼此得到更好的未來。
2. 緣分來了擋也擋不住，但相處後發現兩人無法再繼續交往時，請坦誠及理性面對分手。
3. 被拒絕或被拋棄並非代表本身條件差，可能是自己的優點不一定適合對方。
4. 若在兩性交往的道路上不小心跌倒，我們需要有勇氣打開心內的門窗，無需陷入「悲情」之中。
5. 除兩性情感之外，我們還有其他親情、友情。在面對分手之際，花點時間思考，是不是值得將自己的情感全部浪費在此困擾中。

五、危機常存在你我的生活中，多半都有徵兆及警訊，必須在第一時間內發出求救信號，贏過時間，並積極做適當處理。時常關懷你我身邊的親人朋友，讓暴力傷害的悲劇不再重演。

Case 20

禁止他進家門，為何她又允許？

美晴是一位單親媽媽。大學時期她與當時的男友發生了性行為而不小心懷孕，於是放棄了學業將女兒生下來。未婚生子的她始終無法被自己的家人諒解；男友的家人也無法接受她，最後男友離她而去，美晴只好獨力撫養女兒，並努力地想辦法讓她過上好的生活。

在一次的工作機會上，美晴遇到了大偉。大偉幽默風趣，是一家公司的職員，因經常光顧美晴工作的早餐店，而與美晴有了交談的機會，幾次相談甚歡下，他喜歡上了美晴，對美晴展開熱烈的追求，兩人進一步交往，半年後大偉向美晴求婚了。美晴雖然有點猶豫，但大偉一點也不介意美晴是一個單親媽媽，也願意將小美當成是自己的女兒一樣對待，並承諾會照顧美晴和小美一輩子……美晴在感動之餘，答應了大偉的求婚，並開始了兩人的婚姻生活。

・・・

美晴和大偉結婚之後，辭去了早餐店的工作，專心在家中帶小孩，成為一個全職家庭主婦。原本大偉的收入尚足以養活這個家，沒想到因著疫情的緣故，大偉被裁員了，於是他每天在家裡遊手好閒，一心只想靠著投資股票賺大錢。

因為心情不好，加上沒有工作的緣故，大偉整天在家和美晴大眼瞪小眼，不是喝酒就是睡覺，心情也隨著股票的漲跌起起落落；漲停板時他便帶美晴和小美出去玩、吃大餐，但跌停板時，大偉就開始喝酒，並對美晴惡言相向。這天大偉股票大跌，心情惡劣，小美又在一旁哭鬧，突然間，他對小美大吼：

「妳這個拖油瓶，給我滾到房間去，不要讓我看見妳，妳給我小心一點。」看到這情形，美晴嚇到了，立刻抱起孩子躲到房間去，深怕大偉傷害到孩子。

這天中午美晴接小美放學回到家中，看到大偉坐臥在沙發上，眼睛盯著電視看，旁邊酒瓶、酒罐散落滿地，不停地大聲喊叫著：

「媽的……股票又跌了！！都是被妳們兩個倒楣鬼給拖累了，我真是沒長眼，供妳們吃喝，讓妳們花光我的錢。」

「大偉，如果家裡經濟有困難，我可以再出去工作賺錢，你不要把我們母女倆當成你的出氣筒。」美晴委屈的說，她真後悔當時辭去了工作。

「妳以為妳那點小本事能賺到什麼錢？早餐店那一點錢還不夠我花呢。妳不要囉嗦，都是妳帶來的倒楣運。」大偉還是不斷地數落美晴，美晴也很生氣，忍不住回了一句：

「你這樣算什麼男人，只會在家裡喝酒看股票。失業了，就應該要出去找工作啊，你這樣，我們母女以後要依靠誰啊？」這句話突然激怒了大偉，他立刻站起來衝到美晴面前並打了美晴一巴掌：

「妳說我沒用嗎？妳算什麼東西，如果不是我供養妳和那個小拖油瓶，妳們今天能有飯吃嗎？」大偉怒氣未消，美晴震驚之餘，撫著微痛的臉頰，勉強穩住情緒勸大偉說：

「我只是希望你可以去找工作，別把錢都拿去玩股票，我是為你好。隔壁的陳太太有介紹一個大樓保全的工作，你要不要去試試看？」

聽到美晴的話語後，大偉更氣憤了，他覺得美晴看不起他，於是更大聲地怒吼著：

「妳幹嘛告訴張太太我失業的事情！你嘴巴一定要這麼大嗎？你是看不起我嗎？我好歹之前也是一個銀行的職員，當什麼保全！就跟你說不要管我的事情，你為什麼就喜歡到處跟那些三姑六婆說！」

「我只是……」美晴想要解釋，馬上被大偉頂了回去。

「妳閉嘴，我養妳就夠了，還要養妳那個拖油瓶！妳們不也是得靠我，沒有我，妳們什麼都不是！」

「你……當初不是你說要照顧我們一輩子的嗎？」美晴看見眼前這個暴跳如雷的大偉，傷心的淚流不止。

大偉繼續大口大口地喝著酒，不發一語……眼睛直盯著螢幕上的股市開盤。

「妳走開，不要擋住電視啦……。」大偉的手揮舞著，要美晴閃到一邊去，但美晴仍不死心，持續地勸勸大偉。

「大偉，我拜託你，不要再玩股票了，不要再喝酒了，求求你了。」

大偉生氣地將茶几上的東西翻倒，全掃到地上。小美在一旁嚇哭了，哭鬧的結果就是讓大偉越加地憤怒，抓起小美一陣亂打，美晴趕緊將孩子抱在懷裡。這時大偉因酒後脾氣無法控制，力氣更大，止不住的猛打美晴母女。

「你不要再打了，不要再打了……。」美晴蜷瑟在牆角抱著大哭嚇壞的小美，不知道情況怎麼會轉變成這樣，幸福一夕間破滅，天空一下子黯淡了下來。

只是美晴的舉動，讓大偉更不爽。

「你他媽的聽不懂人話嗎？我叫你閃邊去！」大偉一氣之下，將酒瓶、酒罐砸向美晴，亦起身開始推打美晴，美晴無法反擊大偉龐大的身軀……雙方不斷地拉扯、大聲的吵罵……，這已是多次重覆上演的劇碼了，美晴無法再忍受了。

隔天陳太太問美晴，昨晚發生了什麼事？怎麼會吵得那麼大聲，又看到美晴臉上和手上的傷，意識到事態嚴重，勸美晴不要再忍耐，應該要報警，否則可能對小美的傷害更大。美晴聽了陳太太的話，想著將近好久的時間大偉動不動就藉管教之名動手打小美，對她更是經常拳打腳踢，為了她們母女的安全著想，美晴決定到警察局報案。

「您好，請坐，我來為您服務。」看到臉上、手臂上都有傷的美晴，我大概已經看出來是家暴案件了，美晴的眼睛有些浮腫，應該是哭了一整晚。

「警官，我先生常動手打我及我的女兒，我不知道該怎麼辦？」還好，美晴願意來報案，很多家暴案例當事人通常要隱忍很久，直到走投無路的時候才會來報案，那時早已是傷痕累累了。

「您別擔心，我們會好好處理您的問題，首先請您去驗傷，然後我們會通報家防中心給予您協助。看您身上的傷，應該是受暴很久了，是嗎？」我實在不忍，看見受暴婦女身上的傷，有時候真的很難過。

「警官，以前我先生對我很好的，也很照顧我女兒，只是後來因為失業才會性情大變，動不動就動手，我也苦勸他很多次，希望能變回原來的他。」看得出美晴還是愛著她的先生，只是家暴的成因很多，大偉的失業使得家中經濟來源中斷，可能是這起家暴案件的導火線。

「好的，但現在要立即處理的是不能再讓妳先生再傷害妳及孩子，是否幫妳立即聲請保護令？」我向美晴說明了保護令的聲請及保護令的效用。

「既然保護令可以保護我及女兒的安全，那就麻煩警官了。」但是保護令的核發必須經過法院的審理，經通知家防中心社工的評估，針對美晴母女的安危做一番詳細的評估，是否有立即性的危害；如有立即性的危害就會核發緊急保護令，及時保護當事人的安全。

經與美晴了解之後，由警方為她聲請暫時保護令，並告訴美晴在保護令尚未核發前，仍要時時注意自己及女兒的安危，如有狀況即立刻撥打１１０報警；在這段時間，警察及社工也會介入協助美晴及先生，避免再發生衝突傷害情事。

・・・

美晴所聲請的保護令很快就下來了，保護令經法院審理結果，裁定：

相對人（美晴的先生大偉）不得對聲請人（美晴）實施身體或精神上不法侵害之行為。

相對人應在限定的時間前遷出聲請人之住居所，並將全部鑰匙交付聲請人。

保護令是受暴人的保護符，只要相對人違反保護令所裁定的事項，都會被警方逮捕且移送地檢署偵辦，給予受暴婦女實質的安全保障。

保護令下來之後，警方會立刻前往執行，要求相對人依法院裁定遷出其住居所。因此，大偉即使再不甘願，也必須在限定的時間內遷出，否則就是違反保護令，可以立即逮捕法辦。大偉後來如期遷出和美晴居住的處所，暫時解除了美晴與女兒安全上的威脅。除了家防中心的社工會定期訪視美晴，關心其狀況之外，警方也會定期訪視約制相對人，不得違反保護令的規定。警方和社工一起合作，保護受暴婦幼不再受害。

大偉搬出去之後，美晴經濟頓失依靠，因為還得扶養一個女兒，不得不回去早餐店工作。一邊工作，一邊照顧女兒讓美晴備感辛苦，常常想起大偉對她的好。這天美晴下班後回到住家，聽到門口有人按門鈴，打開門後，發現大偉站在門口，對著她說：

「美晴，以前都是我不好，可能是因為我突然失業了，心情很鬱悶，也很擔心未來，生活壓力很大，才會讓我脾氣暴躁傷害了妳，都是我不對，我現在有找到一份保全的工作，有固定的收入了，希望妳可以原諒我，再給我一次機會，我會好好對待妳和小美的。」大偉在門外懇求，希望能再回到這個家。

美晴猶豫著要不要開門讓大偉進來，但看到大偉好似真心悔過的樣子，又想起當年在自己最困苦的時候大偉伸出援手，讓她和小美有個家，也許他真的是因為失業才性情大變。為了過去的情感，美晴想要再給大偉一次機會。

「那你是不是能夠答應我，不會再隨便動手打我和小美，會真心對我們母女倆好呢？」其實在美晴的內心中還是有掙扎，不知自己這樣做對不對？但是要她一個人撫養小美，實在有點力不從心，需要大偉給予經濟上的幫助。

「美晴，請再相信我一次，我會對妳們好的，可以讓我回家嗎？」大偉一臉真摯及誠懇，終於打動美晴的心，開了門讓大偉重回家庭。

・・・

這天，我到美晴家探視美晴及小美的狀況，美晴開了門請我進入。我一進門就看見大偉坐在客廳看電視，我嚇了一跳，立即詢問大偉：

「你怎麼會進家門？你有傷害美晴嗎？」

「警官，你誤會了，大偉沒有傷害我，他有悔改了，是我讓他回家的。」美晴急忙向我解釋，希望我能原諒大偉，但我向兩造雙方解釋。

「美晴，是妳同意大偉進門的？但這仍然是違反保護令的行為，既然核定了保護令，相對人就必須遵守保護令的規定，不能任意違反。且違反保護令是公訴罪，是必須移送地檢署法辦的。」我希望讓雙方了解保護令是不容任意違背的。

「可是警官，我有得到美晴的同意，而且這些天以來，我都沒有再對美晴母女發過脾氣，請警官幫幫忙。」大偉希望我能不追究。

「不管如何，你違反保護令的遷出令，雖是美晴同意，但違法的事實依然存在，還是請你至警察局做個筆錄，然後你必須馬上離開這個居所。」我很嚴正的告訴美晴及大偉，希望他們要遵照保護令的指示事項。

「警官，那怎麼辦？我先生有罪嗎？真的是我同意的，我可以怎麼做呢？」美晴擔心自己的好意，讓先生犯法了。

「依法律規定，我們仍需要移送本案，妳可以至法庭向法官陳述，法官會審酌個案情形做適當的判決，如妳認為已無保護令的需求，妳也可以向法院聲請撤銷保護令，但這都需要一點時間。」我向美晴解釋法律的程序及規定。

「保護令是保護聲請人的安全，有時候家暴案件會一段時間後反覆發生，希望你們能了解保護令對當事人重要的意義，現在麻煩大偉先和我去一趟警察局。」大偉無奈的跟我回警察局製作筆錄。

受暴婦女聲請保護令後，常因情感、孩子或經濟因素等，又同意先生回家或靠近自己，但先生即使是取得了妻子的同意仍屬違反保護令，警方於知悉之後，因違反保護令是公訴罪，仍必須依法移送法庭。妻子撤銷對先生的保護令沒多久又發生家暴案件而反覆聲請保護令的情形也常見，家暴的成因複雜，每一張保護令的期限是二年，如果可以，建議仍觀察二年，確認先生已經改過之後，再考慮是否讓他回歸家庭，這樣才能保證自己及子女的安全。

安全叮嚀

一、暴力的本質

1. **控制：**我決定這麼做而且你要聽我的……

2. **權力：**誰教你……所以我才……，因為我有權力這麼做！

3. **占有：**你是我養的，我可以決定怎麼對待你！

4. **貶低：**沒有我，你什麼都不是……。

二、家暴的發生不會因隱忍而停止，一旦開始，只會趨向於更加劇烈與頻繁的惡劣循環。

三、家暴的受害者不僅只在身體上受到傷害，心理上也因為氣憤、悲傷、無力、憂鬱、自卑、自責等負面情緒受影響，甚至可能出現創傷後壓力症候群，一輩子無法擺脫。

四、受暴婦女對自己的安危要有高度的危機意識，並且需要知道哪裡是安全的，避免進入危險的情境或地方。

五、當衝突發生時，應冷靜處置，避免用言語再激怒施暴者，不當的言語將會讓施暴者更加憤怒，不利於逃脫險境。

六、施暴者經常不反省自己的行為和伴侶的感受，相反的，他們會傳達一個訊息，是因為對方的行為愚蠢及惡劣，以至於惹得他們的情緒如此失控，甚至把責任推到伴侶身上，所以一旦他們難得地表現了後悔或歉意，對受暴者來講，好像獲得天大的恩惠一樣，但在實務的經驗中，事後的道歉跟痛哭流涕不代表事情會變好，所以才有反覆發生家暴的情事，且可能一次比一次嚴重。

七、施暴者在施暴時說的話或是做出的行為很少是真的失控，而是在某一刻允許自己放手去做在他價值觀裡認為他可以去做的事，所以施暴者的問題不是失去控制，而是過度控制他們的伴侶或孩子，他們的暴力行為通常是為了懲罰另一半反抗他的控制。

八、「男性被家暴」這是經常被忽視的另一種家庭暴力形式，約20%的男性曾遭受家暴，意味著每5個人中就有1名男性遭受過家暴，阻止家暴發生的開端就是不再容忍，鼓勵男性也應勇於求助。

九、受暴者務必確保自己的人身安全。可撥打24小時免費專線113或110尋求協助，政府網絡團隊會立即處置，必要時陪同就醫、安排入住庇護處所、或聲請保護令等，確保被害人安全。

2AF510

渴愛的青春

少年及婦幼警察隊隊長十年專業經驗談，帶孩子遠離傷害的成長書

作者　邱子珍
責任編輯　陳姿穎
內頁設計　江麗姿
封面設計　任宥騰
美術插畫　廖育萱

行銷企劃　辛政遠、楊惠潔
總編輯　姚蜀芸
副社長　黃錫鉉

總經理　吳濱伶
發行人　何飛鵬
出版　創意市集
發行　英屬蓋曼群島商家庭傳媒股份有限公司
城邦分公司
歡迎光臨城邦讀書花園
網址：www.cite.com.tw

香港發行所　城邦（香港）出版集團有限公司
香港灣仔駱克道 193 號東超商業中心
1 樓
電話：(852) 25086231
傳真：(852) 25789337
E-mail：hkcite@biznetvigator.com

馬新發行所　城邦（馬新）出版集團
Cite (M) SdnBhd 41, JalanRadinAnum,
Bandar Baru Sri Petaling, 57000 Kuala
Lumpur,Malaysia.
電話：(603) 90578822
傳真：(603) 90576622
E-mail：cite@cite.com.my

展售門市　台北市民生東路二段 141 號 7 樓
製版印刷　凱林彩印股份有限公司
初版 1 刷　2021 年 8 月　7 刷　2021 年 12月
ISBN　978-986-5534-72-1
定價　420 元

若書籍外觀有破損、缺頁、裝訂錯誤等不完整現象，想要換書、退書，或您有大量購書的需求服務，都請與客服中心聯繫。

客戶服務中心
地址：10483 台北市中山區民生東路二段 141 號 2F
服務電話：(02) 2500-7718、(02) 2500-7719
服務時間：週一至週五 9：30 ～ 18：00
24 小時傳真專線：(02) 2500-1990 ～ 3
E-mail：service@readingclub.com.tw

國家圖書館出版品預行編目資料

渴愛的青春：少年及婦幼警察隊隊長十年專業經驗談，帶孩子遠離傷害的成長書 / 邱子珍著 .-- 初版 . -- 臺北市：創意市集出版：城邦文化發行，民 110.08
面；　公分

ISBN　978-986-5534-72-1(平裝)
1. 青少年犯罪

548.581　　110007351